光明社科文库
GUANGMING DAILY PRESS:
A SOCIAL SCIENCE SERIES

·历史与文化书系·

以史为鉴：简论领导艺术

王天柱 | 著

光明日报出版社

图书在版编目（CIP）数据

以史为鉴：简论领导艺术 / 王天柱著. -- 北京：
光明日报出版社，2021.9
ISBN 978 - 7 - 5194 - 6284 - 0

Ⅰ. ①以… Ⅱ. ①王… Ⅲ. ①领导艺术—研究 Ⅳ.
①C933.12

中国版本图书馆 CIP 数据核字（2021）第 179722 号

以史为鉴：简论领导艺术

YI SHI WEI JIAN：JIANLUN LINGDAO YISHU

著　　者：王天柱

责任编辑：杨　茹　　　　　　　责任校对：刘浩平
封面设计：中联华文　　　　　　责任印制：曹　诤

出版发行：光明日报出版社
地　　址：北京市西城区永安路 106 号，100050
电　　话：010 - 63169890（咨询），010 - 63131930（邮购）
传　　真：010 - 63131930
网　　址：http：//book. gmw. cn
E - mail：gmrbcbs@ gmw. cn
法律顾问：北京市兰台律师事务所龚柳方律师

印　　刷：三河市华东印刷有限公司
装　　订：三河市华东印刷有限公司

本书如有破损、缺页、装订错误，请与本社联系调换，电话：010 - 63131930

开　　本：170mm×240mm
字　　数：120 千字　　　　　　印　　张：12
版　　次：2022 年 1 月第 1 版　　印　　次：2022 年 1 月第 1 次印刷
书　　号：ISBN 978 - 7 - 5194 - 6284 - 0
定　　价：85.00 元

序

　　恩格斯说："军事家的奥秘，在于集中兵力。"因为在保守机密、兵贵神速的条件下，唯有集中兵力、各个歼敌，才能消灭敌人，最终取得战争的全胜。那末（么），政治家的奥秘又是什么呢？孙子曰："道者，令民与上同意也，故可以与之死，可以与之生，而不畏危。"① 纵观历史，政治家的奥秘就在于深得民心。因为只有深得民心，才能夺取政权和巩固政权，进而实现远大的理想！

　　如何得民心？姜子牙曰："同天下之利者，则得天下；擅天下之利者，则失天下。"姜子牙的论述固然正确，但"同天下之利者"，必非寻常之人也。能给人民群众带来利益且与之共享的，必是一个在社会斗争中的胜利者。毛泽东早在第二次国内革命战争时期就说过："要得到群众的拥护么？要群众拿出他们的全力放到战线上去么？那么，就得和群众在一起，就得去发动群众的

---

① 孙武. 孙子全译 [M]. 周亨详，译注. 贵州人民出版社，2009：3.

积极性，就得关心群众的痛痒，就得真心实意地为群众谋利益，解决群众的生产和生活的问题，盐的问题，米的问题，房子的问题，衣的问题，生小孩子的问题，解决群众的一切问题。我们是这样做了么，广大群众就必定拥护我们，把革命当作他们的生命，把革命当作他们无上光荣的旗帜。""在革命政府的周围团结起千百万群众来，发展我们的革命战争，我们就能消灭一切反革命，我们就能夺取全中国。"① 同样，能够"解决群众的一切问题"的人，也必须是一个拥有某种权威的佼佼者！

凡欲得民心，必先造就自己胜利者的地位。因为你是胜利者，必能给人民群众带来实利，带来实利他们就会发自内心热烈地拥护你。所以，无数事实证明，胜利者的周围必然是欢声雷动、前簇后拥、一呼百应的。这是古今中外社会斗争中的一条普遍规律，这是由人民群众与生俱来喜欢拥护胜利者的本性决定的；而失败者则必然是四面楚歌、众叛亲离、孑然一身的，这是古今中外社会斗争中的另一条普遍规律，这也是由人民群众与生俱来都是厌恶摒弃失败者的本性所决定的。

作为一个领导者，要想得到人民群众的拥护与爱戴，就必须从精神与物质两个方面给人民带来显著利益。而要带来这种显著的利益，则必须是一个胜利者，那么如何筹谋，如何运作，如何行动，从而使自己成为一个深得民心的胜利者、领导者呢？本书将就此展开讨论。

---

① 毛泽东. 毛泽东选集：第 1 卷 [M]. 北京：人民出版社，1994：138 –139.

目　录
CONTENTS

第一章　雄心壮志 …………………………………………… 1

　第一节　目标决定前进的方向 ……………………………… 1

　第二节　雄心启迪成功的智慧 ……………………………… 6

　第三节　理想激发顽强的斗志 ……………………………… 13

第二章　根本宗旨 …………………………………………… 22

　第一节　牢记宗旨勤当先 …………………………………… 22

　第二节　心存良知廉为政 …………………………………… 34

　第三节　危急关头贵大勇 …………………………………… 41

第三章　明确职责 …………………………………………… 45

　第一节　决策 ………………………………………………… 45

第二节　用人 …………………………………… 46

第三节　规划 …………………………………… 49

第四节　规范 …………………………………… 51

第五节　民主 …………………………………… 53

第六节　学习 …………………………………… 55

第四章　任人唯贤 ………………………………… 58

第一节　用人史例 ……………………………… 59

第二节　如何知人 ……………………………… 63

第三节　如何善任 ……………………………… 68

第五章　以法为度 ………………………………… 78

第一节　依法治理 ……………………………… 79

第二节　因势立法 ……………………………… 80

第三节　取信于民 ……………………………… 81

第四节　三令五申 ……………………………… 82

第五节　赏罚严明 ……………………………… 84

第六节　厉行监督 ……………………………… 85

第七节　回避原籍 ……………………………… 90

第八节　"法外施恩" …………………………… 91

第九节　"大赦天下" …………………………… 93

第六章　从谏如流 …………………………………… 95

　　第一节　历史启示 …………………………………… 95

　　第二节　实行三谏 …………………………………… 98

　　第三节　加强修养 …………………………………… 102

第七章　必攻不守 …………………………………… 105

　　第一节　必攻不守战略 …………………………… 106

　　第二节　进攻战之进攻 …………………………… 107

　　第三节　防御战之防御 …………………………… 109

第八章　出奇制胜 …………………………………… 111

　　第一节　出奇制胜之定义 ………………………… 112

　　第二节　出奇制胜之实例 ………………………… 113

　　第三节　出奇制胜之计谋 ………………………… 119

第九章　既胜若否 …………………………………… 121

　　第一节　在胜不骄 ………………………………… 121

　　第二节　在败不馁 ………………………………… 131

第十章　刚柔相济 …………………………………… 137

　　第一节　统御方略 ………………………………… 137

　　第二节　历史经验 ………………………………… 138

第三节 统御艺术 ……………………………… 140

第十一章 以身作则 ……………………………… 142

第一节 学圣贤之道 ……………………………… 143

第二节 取前人之长 ……………………………… 147

第三节 用之于实践 ……………………………… 150

第十二章 思想方法 ……………………………… 160

第一节 调查研究，务实求真 ………………… 160

第二节 科学决策，趋利避害 ………………… 165

第三节 预见未来，高瞻远瞩 ………………… 171

跋 ……………………………………………… 179

第一章

雄心壮志

何谓雄心壮志？雄心壮志，乃是英雄之心与鸿鹄之志，既是一种崇高的理想，又是终身为之奋斗的伟大目标。在人类历史发展的过程中，不同的时代和不同的阶级，人们自有不同的奋斗目标。尽管人们追求的理想与目标千差万别，但在其诸多不同之中却有一个共同的需要——树雄心、立壮志。之所以有这种需要，是因为雄心壮志是推动人们前进的强大动力，有无雄心壮志，对一个人的前途与命运的好坏起着决定性的作用。雄心壮志的作用甚多，概括起来主要有三。

第一节　目标决定前进的方向

【古今事例】

在非洲北部，撒哈拉大沙漠横跨东西。在大沙漠的西部，有一个名为比塞尔的小村庄，这是一泓清泉形成的绿洲。绿洲内住着二十多户居民，合计不过百人。各家各户都有成群的牛羊，还养着一些骆驼，人们过着且耕且牧、贫穷单调的生活。这个小村庄与世隔绝，处于封闭状态，从无一人走出过大漠。他们不是不想出去，而是屡次尝试都没有成功。因此，他们的视野不能扩大，也学不到外面的知识与技能，更无法提高生产与生活水平。

　　年复一年。有一天，来了一个英国的探险家，他自称肯·莱文。人们面对这个第一个闯进比塞尔的人，大都感到惊恐而不敢上前与之攀谈。后来，有一个青年挺身而出，热情有礼地招待远方的客人。肯·莱文大为感动，问其名字，他回答说："阿古特尔!"于是他们成了朋友。住了几天，肯·莱文对比塞尔人走不出大漠的原因感到困惑，他想通过一个实验来找到其原因：他请阿古特尔准备两匹强壮的骆驼，每匹骆驼都驮上铺盖、食品与饮用水。阿古特尔骑上一匹骆驼在前面凭着他的感觉走，肯·莱文则骑上另一匹在后面跟着。十天过去，他们在一望无际的大漠中已经走了数百英里。不知转了多少圈子，然而，在第11天的上午，他们又回到了出发地。这时，肯·莱文终于明白：比塞尔地处浩瀚的沙漠之中，方圆千里没有任何参照物，阿古特尔虽然聪明，但他既没有罗盘又不认识北极星，仅凭其"跟着感觉走"，势必和他的前辈一样，是不可能走出大漠的。阿古特尔求知若渴，毕恭毕敬地向肯·莱文领教，肯·莱文指着布满繁星的夜空，兴致勃勃而又耐心地讲道："你看，那里有七颗星组成的一个勺子形状的星座，用直线把勺形边上两颗星连接起来，在勺口方向五倍之长的地方，有一颗特别明亮的星，就是北极星。北极星的位置是正北方，面对北极星，上北下南，右东左西，地理上的四个方位就非常清楚了。你晚上出发，望着北极星行走，白天睡觉，一定能够走出大漠！"阿古特尔听后，心情激动地表态："我一定照办！"于是，他骑上骆驼出发了，只用三天半的时间，他就到达了大漠的边缘，感受到了世界的精彩。

阿古特尔自走出大漠的那一天起，就成了一个伟大的开拓者。后来，经过不屈不挠的艰苦奋斗，他使比塞尔人的生活大为改观，最终成为他们崇拜的英雄！经过两百多年的发展，比塞尔已经成为撒哈拉大沙漠中的一颗明珠！昔日贫穷单调的生活早已不复存在。如今，每年都有数以万计的旅游者到那里游览，在富裕繁荣的小城中心，有一个不知何时竖起的阿古特尔的铜像，其底座上刻着他那不朽的名言："新生活是从选定方向开始的。"

还有一个与此相反的故事。大约两千四百年前，在中国北方魏地有一个纨绔子弟，复姓欧阳，名叫不识。他想到千里之外的楚国郢都游览，在做了一番准备之后，他和车夫出发了。刚开始，他的父亲就发现其南辕北辙，当即告诫自己的儿子："楚国在南，你往北干什么？前进的方向搞错了！"欧阳不识漫不经心地答道："怕什么？我的路费很充足！"言毕，向北驰去。途中，遇到一个朋友。朋友得知他往楚国去，连忙制止他："老兄，楚国在南，你前进的方向错了！"他带着几分自豪回应："老弟，怕什么？我的车马都很好！"言毕，继续向北而驰。日暮，到一县城，欲觅店住宿，店小二出迎："欢迎！请问客官从哪里来，明天又要到哪里去？"欧阳不识斥之曰："少啰唆！快给我们找个好点儿的住处，还有好酒好肉只管拿上来！"酒足饭饱之后，住了一夜。第二天，继续向北，临行之际，店小二拉着车夫说："昨天晚上，我不是给你说过了吗？楚国在南方，你们不能再往北走了！"欧阳不识闻言大怒："你懂得什么？我的车夫驾车的水平很高，怕什么！"说罢，即命车夫继续向北而驰。

晓行夜宿，饥餐渴饮，不知经过多少个日夜，也不知走了多少路。有一天，他们来到了贝加尔湖畔的一个小镇，这时路费告罄，吃饭住店都成了问题。万般无奈，只得将车马卖掉。放眼这个小镇，湖光山色，风景甚美，然而"梁园虽好，终非久留之地"，稍事休息之后，他们踏上了回乡之路。在经历数千里之远的艰苦跋涉之后，他们疲惫不堪而又深感惭愧地回到故乡。欧阳不识进家门之后，拜倒在父亲脚下，他声泪俱下地检讨说："一开始，我就置父亲指示于不顾，是何等愚蠢啊！"

【阅读延伸】

从以上两个不同的故事中，我们可以得到三点启示：第一，目标定位要准确。我们需要的目标，究竟在哪里？在天空还是在地面？在北方还是在南方？这是一个极其重要的问题。阿古特尔之所以成功，是因为他向高人请教，非常准确地知道了北极星的位置，从而成竹在胸，有一个十分明确的前进目标；欧阳不识之所以失败，是因为他并不真正知道楚国郢都在什么地方，且三拒人谏，刚愎自用，自以为路费足、车马好与车夫技术高就能到达目的地，殊不知这些有利条件只会使他离目标更远！第二，方向正确要测度。在有了目标之后，要确定目标所在的方向，这就是前进时应当坚持的正确方向。有了目标而不辨方向，如欧阳不识之所为，背道而驰，非明智之举。第三，道路选择要灵活。通向目标的道路不只一条，其中有远有近，是以直为直走捷径，还是以迂为直走弯路，这要通过对具体情况的具体分析来决定。即使在我们最终选择的那一条道路上，路况也会有较大的差异：道路平坦，那就走得快一些，兵贵神速；道路崎岖，那就走得慢一些，注意安全。

通过上面这些初步的分析，我们可以得出一个结论：在成功的整个过程之中，目标决定前进的方向，方向决定前进的道路，道路决定事业的成败。古往今来，无数事实证明，无论什么人，只要心无旁骛，始终向着一个远大的目标，沿着正确的方向，选择可行的道路，不屈不挠地前进，他们的前途就必然是光明无限的！

第二节　雄心启迪成功的智慧

【古今事例】

范仲淹（989—1052 年），字希文，北宋著名政治家，江苏吴县（今苏州）人。幼年丧父，家境衰落，但其母亲教子有方，力主儿子读书成才，将来报效国家。由于家庭经济困难，买不起笔墨纸砚，她就为其子削木棍当笔，令其在沙地中学习写字。

后来，母亲又鼓励他到南京（今河南商丘）求学。南京应天府书院是当时全国最著名的四大书院之一，这里的学习条件极好，既有不少名师授业教导，又有许多同学互相切磋，更有大量的书籍可供借阅。另外，该书院对家庭贫穷的学生，实行免收学杂费的政策。范仲淹求之不得。因此，他非常珍惜这个难得的学习机会，经常夜以继日地苦读，疲倦了就用冷水洗脸；生活则更为艰苦，每天只煮一锅稠粥，待其放凉凝固之后，再用刀划成四块，早晚各取两块，拌上一点儿韭菜末，再加上一点儿盐，就算是一顿饭。有时，一日两餐也难以为继，只得一天吃一顿饭。范仲淹有一个同学，看到这种情形深为同情，就把这件事告诉了自己任南京留守的父亲。留守立即派人给范仲淹送去了丰盛的饭菜，几天过去了，饭菜腐坏，他也未吃一口。他的那个同学不解地问道："你为什么不领我情，连一口也不尝呢？"范仲淹诚恳地解释说：

"我不是不感谢你的好意，只是我早已习惯粗茶淡饭了。如果现在不能吃苦，享用如此丰盛的饭菜，忘了自己的处境，以后还能吃得下粥吗？还能专心读书吗？"

有一天，范仲淹遥望万里长空，思绪万千。他想到自己的身世，想到自己的母亲，更想到普天之下不知还有多少穷人像自己的母亲一样生活在痛苦之中。他所受的"仁者，爱人""民为贵，社稷次之，君为轻"的儒学教育，使其立下壮志：将来出仕，要当宰相，以拯民于水火，解民于倒悬！"夫不能利泽生民，非大丈夫平生之志！"范仲淹以天下为己任，雄心壮志可谓大矣！

有一次，宋真宗南巡，浩浩荡荡的车马经过南京，万人空巷，争睹皇帝仪容。范仲淹的同学跑回来叫他："仲淹兄，快去看！这可是一个千载难逢的机会！错过了，还不知道以后能不能见到皇帝呢！"此时，范仲淹正专心学习，心无旁骛，随口答道："将来再见，也不晚啊！"大中祥符八年（1015 年）范仲淹考中进士，果然如其所言，在京城见到了真宗皇帝！

没过多久，范仲淹即被外放到江苏泰州西溪当盐官。初任之官，虽然不大，但他并没有人微言轻的自卑感，正所谓"位卑未敢忘忧国"。在对辖区做了一番实地考察之后，范仲淹向泰州知府张纶提出了重修捍海堰的合理化建议。张纶为人正派、虚怀若谷，欣然接受了此建议。此后，范仲淹即开始制订详细的施工计划，同时筹措巨资，发动群众，苦干数年，终于筑成了一条长达几百里的海堤，从而使大量土地免遭海潮的淹没。该项水利工程，事关国计民生，建成之后颇受朝野好评，被后人命名为"范公堤"。

宋仁宗宝元三年（1040年），西夏进攻延州，震惊朝野。仁宗调范仲淹出任陕西经略安抚副使兼知延州。范仲淹走马上任之后，即改革军制，当时延州的兵力有两万余人，他将军队一分为六。然后，按照《孙子兵法》选将之标准——"将者，智、信、仁、勇、严也"，选择六员得力干将，命其各领兵三千，按照统一部署，从实战出发，严格要求、严格训练、严格考核，提高战斗力。每战，必审视敌情，计定而后战；六支军队，统一指挥；分合变化，协同行动；捕捉战机，屡出奇兵以制胜。范仲淹文修武备，文武双全。在西北战场，戎马倥偬，不觉三载。范仲淹以其屡战屡胜之神威，令西夏的统治者再也不敢轻易来犯，使西北边境安定下来。

宋仁宗于庆历三年（1043年）召范仲淹回朝，任命其为枢密副使、参知政事（副宰相）。范仲淹昔日欲当宰相的抱负终于得以实现。他受君主信任，精神振奋，即上书仁宗，建议改革吏制，裁汰冗员，选贤任能，并提出减徭役、厚农桑、修武备等事。这些建议均被仁宗采纳，颁令施行，史称"庆历新政"。但新政遭到了贵族保守派的强烈反对，仁宗动摇，遂于庆历五年（1045年）初将范仲淹贬谪出京，先后出知邠（陕西彬县）、邓（河南邓州）、杭（浙江杭州）等州。范仲淹主持的这次新政，虽然没有达到预期之目的，但为二十多年后的王安石变法开创了改革的先河，创造了必要的条件。

宋仁宗皇祐四年（1052 年），一代名臣范仲淹病逝，谥号"文正"。

范仲淹一生胸怀大志，为官清廉，思想境界极高，且善于总结。他在《岳阳楼记》中写下的千古名言"先天下之忧而忧，后天下之乐而乐"给后人以极大的影响，早已成为无数志士仁人的座右铭，鼓舞人们公而忘私，国而忘家，为中华民族的生存与发展而努力奋斗！

另一个人物与范仲淹的忧国忧民截然相反，此人姓曹，名爽，字昭伯，三国时期魏国人。其父曹真乃魏明帝曹叡的大将军。曹昭伯因系贵胄，在魏主曹芳时代出任大将军，总摄朝政，骄奢淫逸更无人能比。"凡用衣服器皿，与朝廷无异；各处进贡玩好珍奇之物，先取上等者入己，然后进宫；佳人美女，充满府院。黄门张当，谄事曹爽，私选先帝侍妾七八人，送入府中，爽又选善歌舞良家子女三四十人，为家乐。又建重楼画阁，造金银器皿，用巧匠数百人，昼夜工作。"

曹爽无事，性喜畋猎，经常出洛阳城驰游，其弟曹羲谏曰："兄威权太甚，而好出外游猎，倘为人所算，悔之无及！"爽斥曰："兵权在吾手中，何惧之有！"不一日，曹爽请魏主曹芳去谒高平陵，祭祀先帝后外出畋猎。大小官僚，皆随驾出城。爽引其弟和亲信人等，及御林军护驾正行，司农桓范叩马谏曰："主公总典禁兵，不宜兄弟皆出。倘城中有变，如之奈何？"爽以鞭指而斥之曰："谁敢为变！再勿乱言！"

当日，太傅司马懿得知曹爽出城，心中大喜！一反在家装病十年、闭门不出的常态，即起旧日手下破敌之人并家将数十，引二子上马，径入后宫奏郭太后，言爽背先帝托孤之恩，奸邪乱国，其罪当废。郭太后大惊曰："天子在外，如之奈何？"懿曰："臣有奏天子之表，诛奸臣之计。太后勿忧！"太后惧怕，只得从之。司马懿即遣黄门官赍表出城，径至帝前申奏。

却说曹爽正飞鹰走犬之际，忽报城中有变，太傅有表。爽大惊，几乎落马！黄门官捧表跪于天子之前，爽接表拆封，令近臣读之。表中要言，略曰："征西大都督，太傅臣司马懿，诚惶诚恐，顿首谨表：'今大将军曹爽，背弃顾命，败乱国典，内则僭拟，外专威权，看察至尊，候伺神器。天下汹汹，皆以爽为有无君之心，兄弟不宜典兵宿卫。臣等今奏永宁宫，皇太后令，敕臣如奏施行。罢爽、羲、训吏兵，以候就第，不得逗留，以稽车驾；敢有稽留，便以军法从事。臣辄力疾将兵，屯于洛水浮桥，伺察非常。谨此上闻，伏干圣听。'"

魏主曹芳听毕，乃唤曹爽曰："太傅之言若此，卿如何裁处？"爽手足失措，回顾二弟曰："如之奈何？"羲曰："劣弟亦曾谏兄，兄执迷不听，致有今日。"正言间，司农桓范骤马而至，谓爽曰："太傅已变，将军何不请天子幸许都，调外兵以讨司马懿耶？"爽曰："吾等全家皆在城中，岂可投他处求援？"范曰："匹夫临难，尚欲望活！今主公身随天子，号令天下，谁敢不应？岂可自投死地乎？"爽闻言不决，唯流涕而已。范又曰："此去许都，不过半宿。城中粮草，足支数载。今主公别营兵马，近在关南，呼之即至。大司马之印，某将在此。主公可急行，迟则休矣！"当下，赞成桓范之意者甚众，爽曰："多官勿太催逼，待吾细细思之！"

为了麻痹曹爽，司马懿先派遣了自己的两个亲信侍中许允、尚书陈泰赶到，二人告曰："太傅只为将军权重，不过要削去兵权，别无他意。将军可早归城中！"后又派出一个心腹殿中校尉尹大目，继之也到，告爽曰："太傅指洛水为誓，并无他意。将军可削去兵权，早归相府！"曹爽听毕，竟信为良言。桓范心中烦躁，又告之曰："事急矣，休听外言而就死地！"

是夜，曹爽意不能决，乃拔剑在手，嗟叹寻思，自黄昏直流泪到晓，终是狐疑不定。桓范入帐催之曰："主公思虑一昼夜，何尚不能决？"爽掷剑而叹曰："我不起兵，情愿弃官，但为富家翁足矣！"范大哭，出帐曰："曹子丹（曹真字）以智谋自矜！——今兄弟三人，真豚犊耳！"痛哭不已。爽愿交出兵权，即令将印送去，众军见无将印，尽皆四散。懿即传令，教曹爽兄弟三人，且回私宅。

原来，司马懿先将黄门张当捉下狱中问罪，指供、逼供、屈打成招，株连多人，皆称："三月间欲反。"司马懿即以此为证，羁押曹爽兄弟三人并一干人犯，皆斩于市曹，灭其三族；其家产财物，尽抄入库。至此，"栈马恋豆"的曹爽，欲作富家翁的愿望终于落空，且身家性命不保，何其愚也！

【阅读延伸】

范仲淹出身贫穷，人穷志不穷，志在有所作为，勤政廉政，卓有成效，青史流芳。他的一生是成功的，其原因有三：一是穷则思变、求知若渴；二是胸怀大志、锐意进取；三是艰苦朴素、善于总结。反观曹昭伯其人，出身高贵，生活安逸，"福兮祸之所伏"，不知大厦之将倾，自然不得善终！他的一生是失败的，其原因也有三：一是饱食终日、无所用心；二是胸无大志、不思进取；三是如行尸走肉、毫无生气。两相对比，孰优孰劣，泾渭分明。

毛泽东说："卑贱者最聪明。"[①] 为什么卑贱者最聪明？兹以范仲淹为例，这是因为"卑贱者"社会地位较低，其"卑贱"孕育雄心，雄心启迪智慧，智慧导致其成功。毛泽东又说："高贵者最愚蠢。"为什么高贵者最愚蠢？兹以曹昭伯为例，这是因为高贵者所处之社会地位较高，易使其丧失雄心，泯灭人之良知，无知岂能不导致其失败！正反两方面的历史经验与教训何等深刻！难道不值得人们加以借鉴吗？

---

① 此句与"高贵者最愚蠢"均摘自 1958 年 5 月 18 日，毛泽东关于安东机械场试制拖拉机的报告上的批语。

第三节　理想激发顽强的斗志

【古今事例】

班超（公元 32—102 年），东汉名将，字仲升，扶风平陵（今陕西咸阳东北）人。父亲班彪，徐县令（在今安徽泗县西北）；母亲樊氏，出身望族，知书明礼；兄班固，《汉书》作者；妹班昭，《女戒》作者，皆为闻名于世的文学家。

汉明帝刘庄永平五年（公元 62 年），班固晋校书郎，班超和其母随之进居洛阳。由于父亲早逝，家境贫寒，班超为官府抄写文书，借以维持生计。班超每天伏案挥毫，甚是劳苦！常辍业投笔而叹曰："大丈夫无他志略，犹当效傅介子、张骞立功异域，以取封侯，安能久事笔砚间乎？"左右皆笑之。超曰："小子安知壮士志哉？"傅介子（公元前 115—前 65 年）是西汉北地（今甘肃庆阳西北）人，年幼好学，曾弃笔而叹曰："大丈夫当立功绝域，何能坐事散儒！"遂从军。汉昭帝（刘弗陵）时，西域的楼兰与汉朝貌合神离，欲投敌国匈奴。傅介子奉天子之命，以赏赐为名，携黄金、锦绣前去楼兰，在宴席上举杯言欢之际，乘楼兰王不备将其刺杀。后来，被封为义阳侯。张骞（公元前 164—前 114 年）是西汉汉中城固（今陕西城固）人，汉武帝刘彻建元二年（公元前 139 年）张骞奉命出使大月氏，越过葱岭，备尝艰辛。元狩四年（公元前 119 年）张骞又奉汉武帝之命出使乌孙，并派副使西至安息（今伊朗境内）。张骞两次出使西域，不辱使命，开拓了"丝绸之路"，被封为博望侯。傅介子和张骞都是青年班超崇拜的对象，故欲效法之。

班超 41 岁时终于获得了投笔从戎的机会。永平十六年（公元 73 年），汉明帝刘庄派遣奉车都尉窦固领兵攻打匈奴，班超随其出征。当大军行至天山脚下时，窦固即命代司马班超率 36 名吏士出使西域，争取使西域列国重新归汉，断匈奴右臂。

班超率 36 名吏士，首先来到鄯善（今新疆若羌附近）。一开始鄯善王广热情有礼，招待甚周。后来，忽更疏懒，变得冷淡起来！班超判断，这种转变必是匈奴使团到来，鄯善王广不知所从而犹豫不决引起的。为了验证其判断，班超将接待他们的鄯善侍者找来，突然问道："匈奴使来数日，今安在乎？"仓促之间，侍者只得把有关情况如实以告。敌情已明，班超成竹在胸，先将侍者暂时关押，以防风声走漏；接着立即召集部下 36 人，饮酒高会。等大家都喝得非常痛快之时，班超进行了战前动员："卿曹与我俱在绝域，欲立大功以求富贵。今虏使到才数日，而王广礼敬即废，如今鄯善收吾属送匈奴，骸骨长为豺狼食矣。为之奈何？"部众皆曰："今在危亡之地，死生从司马。"班超曰："不入虎穴，焉得虎子。当今之计，独有因夜以火攻虏使，彼不知我多少，必大震怖，可殄尽也。灭此虏则鄯善破胆，功成事立矣。"

兵贵神速。该日初夜时分，班超率兵奔袭匈奴使者驻地。时值大风，班超即令十人拿着战鼓藏在敌营之后，约定一见火起，就猛敲战鼓，大声呐喊，并命令其他人皆拿着刀枪、弓弩埋伏在营门两边。布置已毕，班超带着两个人去顺风放火。一时间，36人前后鼓噪，声势浩大，匈奴人乱作一团，逃遁无门。班超身先士卒，亲手格杀三人，吏士更勇，斩匈奴使者及其卫兵三十余人，其他一百余人皆被烧死。第二日，班超召鄯善王广，以虏使之首示之，举国上下无不惊恐。班超好言抚慰，晓之以理，鄯善王广终于表示愿意归附汉朝，并纳王子为质。

不久后，班超和鄯善王广委派的使臣一起护送人质，回到京都洛阳。窦固大喜，上表奏明班超出使经过和取得的成就，并请汉明帝选派使者再度出使西域。汉明帝览表，对窦固曰："吏如班超，何故不遣，而更选乎？今以超为军司马，令遂前功。"窦固认为班超部众太少，想给他增加若干，班超却答道："愿将本所从三十余人足矣，如有不虞，多益为累。"

班超率其部众36人，奉命向西域进发。首先来到于阗（今新疆和田附近）。当时，于阗王广德新破莎车，在南道雄帜高张，匈奴派使者驻在于阗，监护其国。故对班超礼仪甚疏，且其俗信巫，巫言："神怒，何故欲向汉？汉使有骓马，急求取以祠我。"于阗王广德乃遣使就超请马。超密知其状，报许之，而令巫自来取马。有顷巫至，超即斩其首，以送于阗王广德，并责备之。于阗王早就听说过班超在鄯善国诛灭匈奴使团的作为，颇为惶恐，当即下令杀死匈奴使者，归附汉朝，班超对于阗王及其臣下均予重赏。于阗国就这样不战而降。

　　当时，龟兹（今新疆库车附近）王建为匈奴所立，倚恃虏威，据有北道，攻破疏勒，杀其王，而立龟兹人兜题为疏勒王。第二年春，班超从小路向疏勒进发，到兜题所居之盘橐城约九十里的地方停下，派使田虑先往劝降，且命令道："兜题本非疏勒种，国人必不用命，若不即降，便可执之。"田虑驰至盘橐求见，兜题视其势单力孤，绝无降意。田虑趁其不备，突然上前将彼劫缚。左右出其不意，皆惊惧奔走。田虑派人驰报班超，班超即率部众而至，召集疏勒文官武将，历数龟兹王建的种种罪状，另立原国王的侄子忠做疏勒国王。疏勒人无不兴高采烈，表示拥护。新国王忠及其下属官员都请求杀掉兜题，班超为了显示威信于西域，反而将他释放，送回龟兹。兵不血刃，又平一国。

　　疏勒（今新疆喀什）的归附意义重大，因其系南北丝绸之路交会处，商贾云集、物资充盈，且土地肥沃、物产丰富、水草茂盛、畜牧业发达。在这里驻军，粮食可以自给自足，不需汉廷千里运输而浪费国家财力与物力。疏勒的战略地位也非常重要。因此，班超自汉明帝刘庄永平十七年（公元74年）率部让疏勒归附之后，即将其大本营置于该国首府盘橐城，并在此建立巩固的根据地，准备进行长期艰苦的斗争，以疏勒为依托，进可攻，退可守，便于达到最终统一西域的目的。

　　汉章帝刘炟建初三年（公元78年），班超统率疏勒等国之兵一万余人，沿丝绸之路北路向东，攻破姑墨（今新疆阿克苏附近），斩敌首七千，大获全胜，从而孤立了龟兹。

此后，朝廷两次增兵，合计也不过一千八百人。

汉和帝刘肇永元初年（公元 89 年），班超征发于阗等国之兵两万五千人，再次攻打莎车。龟兹王纠集温宿（今新疆乌什附近）等国兵力五万增援莎车。鉴于敌众我寡，只能用计制胜。班超和于阗王商议："眼下，我们寡不敌众，不如表面上各自散去，天黑之后，你引军东去，我则向西行军。"他们故意将此动向泄露给俘虏，且暗中放松看管让其逃归。龟兹王得报，大喜，亲率一万骑兵向西拦截班超，另叫温宿王领八千骑兵向东狙击于阗军。班超得知敌军分兵而出，便密将两部兵力集中起来，在鸡鸣之时突袭莎车军营，歼敌五千，缴获大量牲畜与财物，莎车王投降。龟兹、温宿等国各自撤退。班超从此威震西域。

汉和帝刘肇永元二年（公元 90 年），大月氏（今阿富汗一带）副王谢率兵七万，东越葱岭来犯，班超首先实行坚壁清野策略，继之运用伏击之计，将其打败。从此，大月氏与汉王朝又和好如初。

汉和帝刘肇永元六年（公元 94 年），班超统率龟兹、鄯善等八国之兵七万人，进攻焉耆（今新疆焉耆回族自治县附近）、危须（今新疆和硕县附近）、尉犁（今新疆库尔勒）三国，在大军压境之下，班超设宴伏甲，邀请三国之君及其文武大臣赴宴，声称到时将厚加赏赐。危须王远遁，焉耆国相腹久也逃之夭夭，其他三十多人信以为真，一起到会。待大家坐定，班超突然变色，责问焉耆王等："危须王为何不到？腹久为何逃亡？"喝令武士将其擒获，全部斩首，传首京师。又乘三国群龙无首之时，下令总攻，斩首五千级，俘虏一万五千人，缴获牛马羊畜三十万头，取得了一次前所未有的伟大胜利！

至此，西域完全平定，五十个小国都归附了汉王朝。第二年，汉和帝刘肇下诏封班超为定远侯。班超在西域31年，因其年老思念故土，于汉和帝刘肇永元十四年（公元102年）八月回到京都洛阳，九月病逝，享年71岁。

班超年轻时，投笔从戎，志在立功异域，以取封侯；经过长期的艰苦卓绝的斗争，转战万里，奋击疆场，终于实现理想。他成功的原因很多，最重要的就是理想激发了他顽强的斗志。他那顽强的斗志，使其在任何艰难困苦的环境之中总是坚定不移，从而产生大智、大勇、大度，进而形成攻无不克、战无不胜、抚无不平的强大力量！

在古代楚国云梦泽（今湖北省云梦县），有一个田连阡陌的大地主黎谋，他老年得子，取名黎思，对其宠爱无比。孩子稍大，即延师教其读书。别人读书，随着知识增多，通达事理；黎思则与之相反，越读越呆，越读胆子越小。有一天，他无端烦恼，生起病来，虽经名医多次诊治，但其用药无效，竟卧床不起！忽一日，赵亮偶游云梦泽，路过其家，突闻朱门之内传出一个中年妇女的哭声，心生怜悯，叩门而问其故，黎谋出迎，答以独子久病，其母爱之甚切而生悲！赵亮应彼之邀，进去与其子单独面谈。黎思告曰："我非常害怕，要是有一天，天塌下来了，怎么办？不仅砸坏我的安乐窝，还会要我的命啊！"赵亮闻言，冷笑不止，原来如此！遂将天绝对不会塌下来的道理讲了一通。说来奇怪，这一讲竟使黎思的病霍然而愈！赵亮告辞，黎谋追问病情，赵亮一边走，一边不无蔑视地告之曰："惧令智昏也！"

过了若干年，黎思欲出仕，其父在楚国令尹那里为他捐了一个七品御史。官虽不大，但权力不小，可以随意弹劾官员。黎思饱食终日，无所事事。有一天，他忽然想起过去赵亮曾经骂他蠢笨的事，于是求见楚王，进言道："大王圣明，微臣今日要弹劾赵亮：一是他长相很漂亮，二是他讲话有口才，三是他本性颇好色，大王千万不能让赵亮进入后宫，让他进入后宫，会非常危险！"说来凑巧，赵亮因事也来求见，楚王命入，即告以黎思之弹劾，赵亮听毕，又一次冷笑不止，上前一步，向楚王奏明："臣长得漂亮，是父母所生；臣有口才，会讲话，是老师所教；至于说臣好色，则绝对没有此事！天下美女不如楚；楚国美女不如臣之故里！以前，我家邻居有一女，诚属绝代佳人，每于我出入之时，她总是在墙豁处偷看且暗送秋波，而我从来无动于衷！而黎思，早年娶了一个天下奇丑的女人为妻，十年之内该女子为其生了六个子女，您看他好色到何等地步啊！"赵亮的一番话，竟说得楚王开怀大笑！斯时，黎思败下阵来。

后来有一年，适逢楚王七十大寿，全国举行大庆。令尹在郢都的剧院请来楚剧、汉剧、豫剧三个剧团演戏，他代表楚王出席，与民同乐。黎思有幸，也于这天晚上到场看戏。在看戏时，他无意之间打了一个喷嚏，然后突然发现坐在前面的竟是一人之下、万人之上的令尹，令尹正在一个劲儿地擦自己的肥头大耳，嘴里还在嘟囔着什么，他心中突然害怕起来：糟了，我打喷嚏喷到他的头上了，这可如何是好？想来想去，觉得应该向令尹解释一番并真诚道歉。于是，他诚惶诚恐地凑近令尹耳根，语无伦次地说："令尹大人，我不是故意的，纯属偶然请原谅！您宰相肚里能撑船，务必请求您原谅鄙人！"令尹莫名其妙，表情冷淡，置之不理！这使黎思更加忧心忡忡，第二天他又到令尹的府衙，仍是那一番话，不厌其烦地重复之，令尹依然莫名其妙，愤然斥道："这简直是胡闹！"黎思觉得，之所以到了如此难堪的地步，是因为还没有把话说透，于是第三天他又去令尹家里赔礼道歉，仍是那套说辞。令尹更觉莫名其妙，胸中怒火冲天而起，怒斥黎思，让他离开。这一番斥责，如五雷轰顶，吓得黎思魂飞魄散，不知他是怎样踉踉跄跄地回到家里的，过了没有多久，便命归西天了。

【阅读延伸】

黎思是一个读书人，家庭条件优越，父亲对他期望甚高，但他终其一生，一事无成，还闹了不少笑话，是一个典型的书呆子。因他心中总是忧虑甚多，前怕狼后怕虎，还有数不尽的清规戒律，因而庸人自扰、胆小如鼠，做事缩手缩脚，必然无法取得大成就。

　　中国古人有言："人无志不立。"雄心壮志是推动人们前进的强大动力。青年人胸无大志，"少壮不努力，老大徒伤悲"；领导者胸无大志，不思进取，"逆水行舟，不进则退"，必为时代所淘汰。因此，雄心壮志，对于任何欲在将来担当重任的青年人，都是必不可少的。雄心壮志对于任何已经担当重任的领导者而言，也是必不可少的，同时，更是其创造非凡业绩的强大动力。历史上有成功的经验可以借鉴；也有失败的教训可以吸取。一个志在有所作为的领导者必然求知若渴，即使不懂领导科学也无大碍，因为他们能够虚心学习，还可以在实践中积累经验，逐渐形成自己独特的风格与领导艺术，进而为党、为人民做出较大的贡献；反之，一个滥竽充数、得过且过的所谓的领导者，即使有高人指点，为其出谋划策，他也必然对领导方法与领导艺术毫无兴趣，更不用说去身体力行了。古语云："哀莫大于心死。"雄心已死、良知泯灭、心如死灰，这是一个人最大的悲哀，也正是庸官、懒官与贪官害人害己、酿成悲剧的原因所在！

第二章

根本宗旨

人民是社会的主人，公务员是人民的公仆，与人民建立血肉联系、鱼水感情并立志全心全意为人民服务，是公务员必须奉行的宗旨。

作为公务员，尤其是作为领导干部的公务员，应当如何为人民服务呢？

第一节　牢记宗旨勤当先

一、勤于调查

孙子曰："故明君贤将，所以动而胜人，成功出于众者，先知也。"[1] 毛泽东说："没有调查就没有发言权。"[2] 情况明—决心

---

[1] 孙武. 孙子全译［M］. 周亨详，译注. 贵州人民出版社，2009：92.

[2] 毛泽东. 毛泽东选集：第1卷［M］. 北京：人民出版社，1991：109.

大—方法对—效果好，这是解决矛盾、克服困难、完成任务、取得效果的一条成功链，也是为人民服务，办实事、办好事、办大事，成就任何事业的一般规律。情况明，是成功链中的首要环节，是制订行动计划的第一手资料，是取得成功的重要前提。既然情况明如此重要，那么我们应当如何做到这一点呢？唯有将调查研究作为苦练、熟练与精练的基本功，方能达到情况明和洞察一切的目的。对于领导干部而言，最重要的是，在关键时刻、关键问题上勤于调查、务实求真。那么，什么是关键时刻、关键问题呢？从政的道路，有进有退、有顺有逆，无论何人都不可能总是一帆风顺。根据其前进道路上可能遇到的诸多问题，可以将其概括为三。

第一，新官上任之时。人们通常可以看到新官大体有三种类型：第一种宛如盛气凌人的"钦差大臣"。他不调查、不研究，下车伊始，呱啦呱啦，唯我独尊，趾高气扬，高指标，硬任务，而且声色俱厉，动辄训斥他人，严重脱离群众。这种人没有不失败的，因为他情况不明决心大，犯了"急性病"的错误。第二种胸无大志，不求有功，但求无过。这种人杂念多、私心重、胆子小，树叶掉下来都怕砸破脑袋！他谨小慎微、无所作为，患了"慢性病"的错误，最终也必一事无成。第三种就是牢记党的宗旨、以改革为己任的志士仁人。他们实事求是、虚怀若谷，注重调查，反对瞎说，提倡走群众路线。这种人信仰马列主义，立场坚定，旗帜鲜明，是彻底的唯物主义者，因而必将成为最后的胜利者。

一个欲为人民做出贡献的新官有两个问题需要考虑。首先，应当调查什么？应当调查的内容固然甚多，但其中最重要的不过两项：其一，该地区过去工作中的成绩、缺点和存在的问题是什么？其二，今后开拓该地区工作新局面的办法都有哪些？为了准确地掌握这些情况，必须运用各种行之有效的调查方法。

其次，应当如何调查？坐在办公室内听汇报、看材料，甚至让下属去做问卷调查行不行呢？我认为不可行，因为这样做无法获得原生态信息，无法掌握第一手资料。那么，坐在飞驰的轿车内，沿着大道巡视整个辖区行不行呢？我认为也不可行，因为这种兴师动众的调查看到的可能是一些人为的布景，根本无法了解实际情况。那么，究竟应当如何调查呢？领导者要务实求真，被领导者要实话实说。只有创造条件，采用正确的方法，将两者统一起来，才能使调查工作达到了解真实情况的目的。为了了解真实的情况，我们的办法主要有三：其一，"微服私访"。所谓"微服私访"，就是领导者要以普通劳动者的姿态出现，深入实际、深入群众、深入生产第一线。这不仅能了解到大量的真实情况，还能在各行各业中结交一批知心朋友。其二，开调查会。无论走出去开会，还是请进来开会，都必须有放下臭架子、甘当小学生的精神；与会人员应是真正有经验的中层和基层的干部或老百姓；召开调查会，每次人不必多，三至八个人即可；必须给予与会人员充足的时间，让他们知无不言、言无不尽，并同他们展开讨论，务求得到全面的了解。其三，赴基层蹲点。无论社会的哪个战线、哪个系统、哪个领域，均有它们的基层。基层就是社会的底层，也就是所谓上层建筑的基础。领导干部应当到基层选择若干单位，分别在那里蹲点，同时必须明白"群众是真正的英雄，而我们自己往往是幼稚可笑的"①，必须有眼睛向下的兴趣与决心，和当地群众同吃同住同劳动，跟群众建立起血肉联系、鱼水感情，这样才能达到深明动态的目的。麻雀虽小，五脏俱全，赴基层蹲点可以通过点上的个性了解面上的共性，通过矛盾的特殊性了解矛盾的普遍性。毛泽东在《关于领导方法的若干问题》中指出："任何领导人员，凡不从下级个别单位的个别人员、个别事件取得具体经验者，必不能向一切单位作普遍的指导。"② 由此可见，到基层蹲点，通过试点取得指导面上工作的经验是一种正确的领导方法。通过各种调查手段，获得详细且丰富的第一手材料，并通过"去粗取精、去伪存真、由此及彼、由表及里"的认真研究，找出其中固有的规律，将其作为行动的向导，则将无往而不胜！

　　第二，有的领导干部在旗开得胜之后，在接连"打了几个胜仗"、取得一批成绩、工作顺利之时，容易产生骄傲自满的情绪与不可一世的作风。针对这种情况，应当怎么办？通过自下而上的调查，必能找到医治其疾的一剂良药。首先，向群众调查，询

---

① 毛泽东. 毛泽东选集：第3卷［M］. 北京：人民出版社，1991：748.
② 毛泽东. 毛泽东选集：第3卷［M］. 北京：人民出版社，1991：898.

问自己在取得成绩的同时，还有什么缺点和错误，特别是工作上存在何种危机；其次，向上级领导请教，向他们咨询如何一分为二地对已取得的成绩进行科学分析。经过广大群众的尖锐批评与上级领导的精确指导，一时被胜利冲昏头脑的领导者就会清醒许多，开始居安思危，进行自我反思。如果这时，上级领导能够适时地再给他下达一项新的更为艰巨的任务，则斯人势必从陶醉既得胜利中进一步惊醒，将思想与精力转移到如何去完成新的任务上，哪还有什么时间去骄傲自满、故步自封呢？早在20世纪，毛泽东就说过："即使我们的工作取得了极其伟大的成绩，也没有任何值得骄傲自大的理由。虚心使人进步，骄傲使人落后，我们应当永远记住这个真理。"①

第三，任何人的一生都不可能一帆风顺，即使领导者也有每况愈下、愁眉不展、身处逆境的时候。为了摆脱这种困境，有的领导者一个人闷在屋子里，苦思冥想；有的领导者召集一批人纸上谈兵；更有领导者虱多不痒，躺倒不干了。凡此种种，都是错误的。那么，正确的态度与做法应当是什么呢？

其一，向人民群众请教。毛泽东曾经指出："中国人民中间，实在有成千上万的'诸葛亮'，每个乡村，每个集镇，每个城市，都有那里的'诸葛亮'。"② 我们应该走到群众中间去调查，向群众学习，问计于群众，抓住主要矛盾，一切问题就会迎刃而解。

---

① 毛泽东. 毛泽东文集：第7卷［M］. 北京：人民出版社，1999：117.
② 毛泽东. 毛泽东选集：第3卷［M］. 北京：人民出版社，1991：933.

其二，调查前因后果。毛泽东对如何解决疑难问题，曾有一个明确的指示："你对于那个问题不能解决吗？就请去调查那个问题的历史和现状吧！你完完全全调查清楚了，解决问题的办法也就有了。"① 按照这个指示去办，我们坚信，一定能够克服困难、解决问题。

在身处逆境、困难重重的时候，不要泄气，不要悲观，更不要将整个世界看成一团漆黑，要提高自己斗争的勇气。要努力创造必要的条件，促进事物的转化，物极必反，否极泰来。古人云："艰难困苦，玉汝于成。"相信吧，那无限光明的前途，一定会重新来临！

二、勤于思考

作为一个欲为人民做出贡献的领导干部，在勤于调查之后，还要勤于思考。思考什么？主要有三。

第一，思考过去，古为今用。思考中国与世界历史上那些明君、贤臣与英雄人物，他们是如何"修身齐家治国平天下"的？秦皇、汉武、唐宗、宋祖、一代天骄成吉思汗，他们是如何开疆拓土实现统一的？孙中山是如何革命，如何唤起民众，将几千年的封建帝制推翻的？毛泽东又是如何革命，如何在井冈山立足，以农村包围城市，最终带领全国人民获得解放的？如果放眼全球，思考世界大国的历史，也不无益处。德国，马克思、恩格斯，他

---

① 毛泽东. 毛泽东选集：第1卷 [M]. 北京：人民出版社，1991：110.

们只是两个人，为什么敢号召"全世界无产者联合起来"进行世界革命？俄国，列宁、斯大林，他们领导的"十月革命"是如何取得成功的？在资本主义的包围之中，他们为什么能够建成世界上第一个社会主义国家？美国，华盛顿、林肯、罗斯福为什么能够取得各自面临战争的胜利？他们为什么要实行新政？最终又是如何成功的？在他们的胜利之中，又包含着什么样的悲剧与失败？英国，丘吉尔、撒切尔夫人为什么敢临危受命？他们为什么能够获得其前任无法比拟的政绩？法国，拿破仑、戴高乐，他们都是军人出身，先从军后从政，都能取得辉煌业绩的原因是什么？无论在中国历史还是世界历史上，都有许多成功的经验和不少失败的教训，唯有勤于思考，善于思考，方可达到借鉴历史、古为今用的目的。成功的经验可以帮助我们取得自己的成功，失败的教训可以帮助我们避免他们的失败。

第二，思考现在，做得更好。陈云同志曾经要求领导干部："要拿出一定的时间'踱方步'，考虑战略性问题。"① 所谓战略性问题，就是"凡属带有要照顾各方面和各阶段性质的问题"，也就是全局性的问题。毛泽东有明确的指示："任何一级的首长，应当把自己注意的重心，放在那些对于他所指挥的全局说来最重要最有决定意义的问题或动作上，而不应当放在其他的问题或动作上。"② 毫无疑义，陈云同志的要求和毛泽东的指示都是完全正

---

① 陈云. 陈云文选：第3卷［M］. 北京：人民出版社，1984：377.
② 毛泽东. 毛泽东选集：第1卷［M］. 北京：人民出版社，1991：176.

确的！

在战争时期，一切为了前线的胜利。前线的胜利有两种：一是殊死战斗的胜利。例如，赤壁之战，火烧战船；夷陵之战，火烧连营七百里；血战台儿庄；血战斯大林格勒，等等。二是兵不血刃的胜利。例如，曹操旄麾南指，刘琮束手，遂得富饶之荆州；刘备顺应益州智能之士欲得明君的要求，进入成都，建立蜀国；毛泽东取得的北平和平解放、新疆和平解放以及西藏和平解放，等等。在战争时期，为了达到前线胜利的目的，领导者应当勤于思考两个课题：其一，如何出奇制胜，消灭敌人；其二，如何立于不败，保存自己。

在和平时期，一切为了建设的胜利。建设的胜利有两种：一是国内经济社会的胜利。例如，土地改革、改革开放，等等。二是国际和平外交的胜利。例如，恢复中华人民共和国在联合国的合法席位；乒乓外交，"小球推动大球"，使中美两国建立外交关系，实现邦交正常化，等等。在和平时期，为了达到建设胜利的目的，领导干部应当勤于思考两个课题：其一，如何调动机关干部的积极性；其二，如何调动普通职工的积极性。

毛泽东早在抗日战争时期所做的《学习和时局》讲演中就说过："列宁、斯大林经常劝人要善于思索，我们也要这样劝人。脑筋这个机器的作用，是专门思想的。孟子说：'心之官则思。'他对脑筋的作用下了正确的定义。凡事应该用脑筋好好想一想。

俗话说：'眉头一皱，计上心来。'就是说多想出智慧。"① 我们应当学会分析事物的方法，养成分析的习惯，勤于思考、善于思考，从周围事物变化中找出内部联系，从万事万物中找到固有的规律。这些内部联系与固有规律就是使人干得更好、取得更大成功的前导！

第三，思考未来，前途光明。孔子曰："人无远虑，必有近忧。"（《论语·卫灵公篇第十五》）在《中国革命战争的战略问题》中，毛泽东也说："束缚于眼前的利害，就是失败之道。"② 因此，作为一个领导干部，对于未来的诸多问题，不可不认真地思考。未来，国际形势会有怎样的变化？未来，国内形势会有怎样的变化？未来，周围环境又会有怎样的变化？在这诸多变化的前提之下，我们应当如何处理家事、国事、天下事？愚意有二：一要站稳立场，明辨是非，成竹在胸；二要审时度势，善于发现会导致失败的陷阱，同时做好避开陷阱的准备，使自己立于不败之地。既要乐观地思考未来，又要谨慎地思考未来。正如孙子在《孙子兵法·九变篇》中所言："是故智者之虑，必杂于利害。杂于利而务可信也；杂于害而患可解也。"诚如此，必可迎来一个光明前途！

第四，要勤于工作。领导干部所面临的工作固然很多，但如果以"轻重缓急"的标准来衡量，将其简化，则大体上可以分作

---

① 毛泽东. 毛泽东选集：第 3 卷［M］. 北京：人民出版社，1991：948 - 949.
② 毛泽东. 毛泽东选集：第 1 卷［M］. 北京：人民出版社，1991：222.

三类。

第一，日常工作。如何对待日常工作，做好日常工作？作为一个领导干部，万不可事必躬亲，越俎代庖，陷进事务主义！日常工作，无论政务工作、事务工作与后勤工作，都是常规工作，做好常规工作的一般要求是：年初，制订计划，组织实施，计定而后战；年中，深入实际，检查督促，保任务完成量过半；年末，总结评比，赏罚严明，提高战斗力。只要紧紧地抓住年初、年中、年末这三个重要环节，无论机关工作还是一线工作，都必然能够开展起来，正常运转，高效运转，从而取得超常的成绩。

第二，中心工作。作为一个领导者，如何确定中心工作，如何做好中心工作？这个问题比较复杂。在同一地域的不同时期，应当因时制宜，确定其中心工作；在同一时期的不同地域，应当因地制宜，确定其中心工作；在不同时期与不同地域，因情而异，各有其不同的中心工作，这些确定中心工作的方法均有许多经验可供借鉴。

本节主要探讨的问题是，在同一时期同一地域的中心工作，应当如何完成好。抗日战争时期，毛泽东在《关于领导方法的若干问题》中就有指示："在任何一个地方内，不能同时有许多中心工作，在一定时间内只能有一个中心工作，辅以别的第二位、第三位的工作。因此，一个地区的总负责人，必须考虑到该处的斗争历史和斗争环境，将各项工作摆在适当的地位，而不是自己全无计划，只按上级指示来一件做一件，形成很多的'中心工作'和凌乱无秩序的状态。上级机关也不要不分轻重缓急、没有中心，同时指定下级机关做很多项工作，以致引起下级在工作步骤上的凌乱，而得不到确定的结果。领导人员依照每一具体地区的历史条件和环境条件，统筹全局，正确地决定每一时期的工作重心和工作秩序，并把这种决定坚持地贯彻下去，务必得到一定的结果，这是一种领导艺术。"① 此外，第三次国内革命战争时期，毛泽东在《党委会的工作方法》中，要求领导干部都要学会"弹钢琴"："弹钢琴要十个指头都动作，不能有的动，有的不动。但是，十个指头同时都按下去，那也不成调子。要产生好的音乐，十个指头的动作要有节奏，要互相配合。党委要抓紧中心工作，又要围绕中心工作而同时开展其他方面的工作。我们现在管的方面很多，各地、各军、各部门的工作，都要照顾到，不能只注意一部分问题而把别的丢掉。凡是有问题的地方都要点一下，这个方法我们一定要学会。"② 毛泽东的这些指示都非常精辟。作为领导干部、领导者，务必掌握其要领：既要抓住主要矛盾，突出中心工作牵一发而动全身，又要学会"弹钢琴"，其他各项工作都要点到，都要围绕中心工作、配合中心工作开展起来，绝对不可以顾此失彼，出现无人过问的"死角"。中心工作事关一个地方一定时期的工作全局，唯有干好中心工作，才能取得大的成功！

　　第三，紧急工作。所谓紧急工作，是指在自然界与人类社会

----

① 毛泽东．毛泽东选集：第 3 卷［M］．北京：人民出版社，1991：901.
② 毛泽东．毛泽东选集：第 4 卷［M］．北京：人民出版社，1991：1442.

之中突发的不幸事件。人们通常将前者称为天灾，如水灾、雪灾、旱灾、蝗灾、瘟疫、台风、沙尘暴、泥石流地质灾害、地震，等等；将后者称为人祸，如煤矿事故、工厂事故、交通事故、消防事故、环保事故、建筑事故、集体食物中毒，等等。作为一个领导干部，应当如何对待紧急工作，如何处理紧急工作？在处理天灾与人祸这两种性质不同的事故中，需要从实际情况出发，有针对性地采取以下两种必要的措施。

（1）共同措施：事前——制订应急预案；建立应急领导小组，由各有关单位一把手组成，下设办公室；制定各类应急制度；尽早储备粮食、储备物资、拨足专款，以备急需。事中——在获悉有事故突发之后，要迅速启动应急预案，并亲率应急领导小组成员赶赴事故现场，抢救生命、治疗伤员、转移群众、安置住处、救济生活；调查事故的发生原因、波及范围以及破坏程度；统计人员伤亡、财产损失；在救灾过程中，要及时向上级领导如实报告情况并请示工作；同时，向各家媒体的记者发布新闻。事后——对受害者在精神上进行安抚，使其恢复自信与乐观的心态；在经济上进行补偿，使其恢复生活与生产的常态。恢复重建，要做具体分析，因地而异：有的地方可以在原地恢复重建，有的地方则需要在异地重建；对救援有功人员实施表彰，对救援不力者则应给予必要的惩处；最后，还要总结经验教训，进一步充实与完善应急预案，以便将今后的救援工作组织得更好！

（2）不同措施：天灾是客观因素造成的，而非人为因素，故无论任何人，均无任何责任；人祸则不同，其原因盖出于人的种种不当行为，因此无论肇事者、分管领导者、主要领导者均有不同程度的责任。针对这两种不同的情况，应采取不同的措施。对造成人祸的直接责任人和法人代表，应当及时控制，切勿让其逃逸，对其账簿和资金也要及时冻结，切勿让其转移。天灾发生后要惩处的人，仅是在灾情发生之后救援不力，贻误时机，致使群众的生命与财产所受损失进一步扩大的人，人祸发生后要惩处的，除了灾情发生之后救援不力者之外，还有那些事前失职、渎职、违法行政、不令行禁止等，导致一个地区、一个部门、一个单位发生重大事故的有关责任人，对此类责任人的处理，必须依法依规、从严从重给予惩罚，否则不能平民怨，也不足以教育与警诫其他人。

第二节　心存良知廉为政

明代王守仁说过："天地虽大，但有一念向善，心存良知，虽凡夫俗子，皆可为圣贤！"[①] 此处的"良知"究竟是什么？良者，指善良、纯洁；知者，则具双重含义：一是知觉知道，二是聪明智慧（古代，"知"通"智"）。心存良知就是做一个善良而有智慧的人，善不作恶，智能成事。从一念开始，从小事做起，"勿以恶小而为之，勿以善小而不为"。坚持下去，几十年如一

---

① 王阳明. 王阳明全集［M］. 浙江：浙江古籍出版社，2010：11.

日，毕其一生慎终如始，"虽凡夫俗子，皆可为圣贤"并非不能达到的境界。

那么，作为人民公仆的领导干部，在心存良知的前提之下，如何廉洁从政，应当注意哪些问题呢？

第一，廉洁从政立于不败之地。

历史与现实之中都有一些因人自私自利、贪得无厌、崇尚享乐而造成的悲剧。枚乘在《七发》中讲了这样一个故事：楚太子身患重病，吴客探问之后，向其叙述音乐、饮食、车马、游观、田猎、观涛、论道七件事，指出腐朽生活的弊端和危害，借以启发理智使其清心寡欲，终于令楚太子深受感动，出了一身大汗，病即痊愈！过去，毛泽东在讲到枚乘《七发》时说："出舆入辇，瘫痪之兆；清宫幽室，寒热之媒；洁齿蛾眉，伐性之斧；美酒肥肉，腐肠之药。这四句话，再过一万年还是有理！"[①] 现在，仍然有一些人利令智昏，追求名车、豪宅、美女、佳肴；他们为了过上骄奢淫逸的"贵族生活"，贪污受贿，巧取豪夺，无所不用其极。然而，物极必反，古人云："骄奢淫逸，宠禄过也，速祸！"他们的寡廉鲜耻、贪得无厌，必然会受到党纪国法的严惩！贪欲之害甚多，概括起来主要有四：一是祸国殃民，二是身败名裂，三是辱及父母，四是祸害子孙。

贪欲之害，如此之大，实在令人刻骨铭心，理应警钟长鸣！

---

① 中共中央文献研究室，编撰. 毛泽东年谱：第 4 卷［M］. 北京：中央文献出版社，2013：155.

为了避免重蹈他们的覆辙，使我们自己立于不败之地，有必要进一步严格要求自己，树立一身正气、两袖清风、天下为公、廉洁从政的作风！应制订严于律己的《约法三章》：在思想上，除意动之恶，同时净化灵魂；在物质上，过中等生活，同时厉行节约；在精神上，要有所作为，同时不务虚名。如果我们能够严肃而又认真地对待这个《约法三章》，如果我们也能像曾子那样"吾日三省吾身"，如果我们能够将其贯彻始终而不半途而废，那么我们就一定能够保持清醒的头脑，永远立于不败之地！

第二，廉洁从政必有光明前途。

明代宋缥在其杰作《古今药石》中指出："世之廉者有三：有见理明而不妄取者；有尚名节而不苟取者；有畏法律保禄位而不敢取者。见理明而不妄取，无所为而然，上也；尚名节而不苟取，狷介之士，其次也；畏法律保禄位，而不敢取，则勉强而然，斯又为次也。"这三种人，虽然思想境界不同，处世动机不同，在明理、尚节与畏法的问题上更是不同，但是他们有一个共同之处——都努力使自己在实践中成为一个廉者。廉者从政是清官，万民景仰歌清官，青史流芳颂清官。清官的特点就是一个廉字：廉不贪财，廉不谋私，廉洁自律。由于清官能够固守清廉的底线，所以无论何时何地都能坚持正确的原则：廉者必公，公不离正，公不偏私，公道正派；廉者必慎，慎不违纪，慎不违法，慎终如始。诚如此，何愁没有光明前途？

第三，廉洁从政需要切实保障。

一切皆流，一切皆变。人也同万物一样，处在变化之中。有的人越变越好，变成英雄好汉；有的人越变越坏，变成大奸大恶。那么，如何帮助领导干部"拒腐蚀，永不沾"，廉洁从政，一尘不染呢？孔子曰："温故而知新，可以为师矣。"抚今忆昔，借鉴历史，稍有所得。在这里，我们可以为之提供三个切实保障。

（1）家庭忆苦思甜

在遥远的古代，鲍叔牙就曾经向其君主建议"忆苦思甜"。有一次，春秋时代齐国君主齐桓公召集文武大臣举行盛大的宴会，他对其青年时代的恩师鲍叔牙说："何不为我祝酒？"于是鲍叔牙捧着酒杯站起来，说："希望你不要忘了逃亡在莒的时候，管仲不要忘了在鲁国被囚的时候，宁戚不要忘了在车下喂牛的时候！"齐桓公闻言肃然起敬，离开座位答谢道："我和两位大夫能够不忘你的话，国家就没有危险了。"后来齐桓公果然不曾忘记鲍叔牙的话，"九合诸侯"，纵横天下，终成春秋五霸之一而名垂青史！

笔者也时常"忆苦思甜"，学习革命传统。一年一度春风至，每逢春节来临之时，总有那么一副对联贴在河南郏县老家的大门上：

"忆苦思甜"贴在门楣上——上联：饥寒虽成过去；下联：温饱岂敢忘本。

春节无事，是对子女进行思想教育的大好时机。忆苦思甜，可以令人知足常乐，又不止于常乐，还可以清心寡欲而免祸；忆苦思甜，可以令人知恩而感，又不止于知恩而感，还可以"滴水之恩，必当涌泉相报"；忆苦思甜，可以令人精神振奋，又不止于精神振奋，还可以"总结经验，以利再战"。除了要求家庭的每个成员结合自身经历、结合家庭情况，进行忆苦思甜活动之外，还要结合党史参观革命圣地，学习老革命、老干部的革命传统，继承和发扬中国共产党艰苦奋斗与无坚不摧的革命英雄主义的精神。难不难，想想朱毛初上井冈山；苦不苦，想想红军长征两万五；累不累，想想革命英烈老前辈。想想这些，我们会更加珍惜现在的幸福生活。

从历史上的小故事和家庭忆苦思甜之中，我们可以悟出一个深刻的道理：毛泽东提倡的忆苦思甜是医治骄奢淫逸的一剂良药。无论何时何地都不要忘记过去贫穷的日子，都不要忘记过去卑贱的地位，都不要忘记过去痛苦的经历。唯有这样才不会产生贪图享乐之心，才不会丧失顽强的斗志，才不会在事业上半途而废；唯有这样才能永远保持清醒的头脑，不犯错误，与时俱进。诚如此，就不会辜负父母望子成龙的理想，更不会辜负党的培养与人民的期望。

（2）机关定期整风

整风是中国共产党的优良传统。由于各个历史时期不同的实际情况及其不同的历史任务，所以各个不同时期的整风内容也就不尽相同。抗日战争时期，1942 年延安整风运动，整的是主观主义、宗派主义、"党八股"；新中国成立之初三年过渡时期，1951

年对干部队伍进行的整顿是"三反",即反贪污、反浪费、反官僚主义;实行五年计划、和平建设时期的 1957 年的整风,规模更大,范围更广,涉及全党、全国的各个角落,旨在整顿"三风":一整主观主义,二整宗派主义,三整官僚主义。此后,还有诸多的整风运动,容不赘述。至于如何整风?毛泽东在《关于正确处理人民内部矛盾的问题》中提出过一个公式:"团结—批评—团结",即"从团结的愿望出发,经过批评或者斗争使矛盾得到解决,从而在新的基础上达到新的团结"①。团结起来,争取更大的胜利!

一个领导干部的健康成长,除了严格自律之外,还需要严格的他律。律乃约束、制约之意。自律,就是经常自我反省,经常检讨自己的错误,按照道德、纪律、法律来约束自己的思想、制约自己的行动,从而使自己沿着正确的人生道路前进!所谓他律,就是机关定期整风,同事之间,上下级之间,普遍而又认真地开展批评与自我批评,互相关心,互相帮助,"惩前毖后,治病救人",以便共同提高、共同进步,一起建设,进而达到全心全意为人民服务、当好公仆的目的。作为一个领导干部,除了积极参加党中央统一部署的全党整风之外,也可以根据自身状况和本单位群众中的实际情况,适时地在所在机关开展若干小规模的整风活动,按照民主集中制的原则,过好党团与工会的组织生活,借以改造思想,树立新风,廉洁从政,提高干事创业的能力,进而

① 毛泽东 . 毛泽东文集:第 7 卷 [M] . 北京:人民出版社,1999:210.

为党、为人民做出更大的贡献！

（3）干部参加劳动

世界上的一切坏事，都是从不劳动开始的，都是从懒惰成性开始的，都是从不劳而获开始的。人一懒，思想要生病，骄奢淫逸，脱离群众，终成害群之马；人一懒，身体要生病，养尊处优，病入膏肓，终成不治之症。正所谓"懒、馋、占、贪、变"，这是一条邪路，也是一条下坡路，更是一条不归路。无论什么人，只要他好逸恶劳，误入歧途，其个人前途必然堪忧，祸从天降的悲剧必然为期不远。因此，为了预防这个悲剧的出现，必须未雨绸缪，提倡干部参加劳动，尤其是各级领导干部应当率先行动做榜样。到工厂去，到车间去，拜工人为师，和工人一起劳动，学习一门或几门技术，有何不可？到农舍去，到田野去，和农民一起劳作，用劳动的汗水来冲洗灵魂深处的泥土，净化灵魂，纯洁思想，永远保持普通劳动者的本色，岂非更佳？

领导干部通过参加劳动，接触群众、了解群众，和群众很自然地建立起血肉联系、鱼水感情，从而和群众的关系更亲了，对人民群众更爱了。唯有这种更亲更爱的感情，才能让他们更好更多地为群众办事，为人民服务。此时的领导干部，在政治立场上会有一个根本性的变化；在思想境界上，会成为一个见理明而不妄取者，朝思暮想的必然是如何为人民做出更大的贡献。积以时日，"止于至善"——他必然会将自己改造成一个真正的共产主义者，这种大公无私的精神正是一个领导干部廉洁从政所需要的切实保障！

毫无疑义，干部参加劳动，有利于思想改造，能够为其廉洁从政提供重要保障。此外，干部参加劳动还有许多好处，例如有利于了解社情民意，有利于养成崇尚节俭的美德，有利于增强身体素质，有利于提高领导干部的威信，等等。总而言之，干部参加劳动，有百利而无一害。何乐而不为呢？

第三节　危急关头贵大勇

危急关头巧用谋，危急关头贵大勇。唯有具备巧用谋的智慧和超常的勇气，才能克服危机，战胜困难，化险为夷，进而为党为人民做出更大的贡献。危急关头贵大勇，何谓大勇？大勇，就是时代豪杰之勇；大勇，就是阶级英雄之勇；大勇，就是超乎常人之勇。那么，这种过人的大勇是如何产生的呢？

【古今事例】

北宋杰出的文学家，四川眉山人苏轼在其《留侯论》中说："匹夫见辱，拔剑而起，挺身而斗，此不足为勇也。天下有大勇者，卒然临之而不惊，无故加之而不怒，此其所挟持者甚大，而其志甚远也。"在这里，苏轼将人的勇敢分作两种：一是小勇，那些"一触即跳"的人，那些推崇所谓"仁义道德"只因不愿竞争、逃避竞争的人，皆属小勇；二是大勇，那些"泰山崩于前而色不变"的人，那些"麋鹿兴于左而目不瞬"的人，皆属大勇。小勇，乃常人之勇；大勇，乃豪杰之勇。唯有大勇，才可以成大事！苏轼还对天下大勇者的大勇做了根本的分析，"其源盖出于所挟持甚大，而其志甚远也"。这就是他的大勇的来源——"志向远大论"。

南宋末年最后一位宰相，江西吉安人文天祥在其《过零丁洋》中发出惊醒世人的悲歌："人生自古谁无死？留取丹心照汗青。"这正是他于1279年兵败被俘之后，不为元朝统治者的威逼利诱所动摇而于1283年视死如归、壮烈牺牲的原因之所在。文天祥是中华民族的英雄人物，他那坚贞不屈、大义凛然的崇高的民族气节；他那浩然正气，那气壮山河、感人至深的万世悲歌，曾经激励过多少为反对民族压迫而进行斗争的志士仁人。文天祥无所畏惧的大勇来自他崇尚名节的"青史流芳论"。

解放战争时期"智取威虎山"的英雄排长，山东省牟平县人杨子荣同志认为，为阶级事业生死不怕，对付敌人必然神通广大。生死不怕是其大勇，来自对党对人民事业的无限忠诚，而这种忠诚产生的大勇，又能产生对付敌人的神通与战胜敌人的大智。大智，对于勇气而言，犹如猛虎添翼，更能成其大勇，二者相辅相成，必然可以不辱使命，无坚不摧，从而达到胜利的目的。杨子荣像三国时代蜀国名将赵子龙一样，"浑身是胆"，这正是他那"事业忠诚论"使然！

【阅读延伸】

关于大勇的来源问题，除了上述三位历史人物的"三论"外，还有明朝开国皇帝朱元璋的军师刘基在其《百战奇略》中提出的"两论"——"重赏之下必有勇夫"与"重罚之下也有勇夫"，等等。诸多观点都针对一个特定的问题，或在某种程度上，或在某个侧面上，反映了人们的若干正确认识。

毛泽东在《为人民服务》中说："人总是要死的，但死的意义有不同。中国古时候有个文学家叫作司马迁的说过：'人固有一死，或重于泰山，或轻于鸿毛。'为人民利益而死，就比泰山还重；替法西斯卖力，替剥削人民和压迫人民的人去死，就比鸿毛还轻。"① 在《坚持艰苦奋斗，密切联系群众》中，毛泽东又说："我们要保持过去革命战争时期的那么一股劲，那么一股革命热情，那么一种拼命精神，把革命工作做到底。什么叫拼命？《水浒传》上有那么一位，叫拼命三郎石秀，就是那个'拼命'。"② 毛泽东《在中国共产党全国宣传工作会议上的讲话》中，再三强调："彻底的唯物主义者是无所畏惧的，我们希望一切同我们共同奋斗的人能够勇敢地负起责任，克服困难，不要怕挫折，不要怕有人议论讥笑，也不要怕向我们共产党人提批评建议。'舍得一身剐，敢把皇帝拉下马'，我们在为社会主义、共产

---

① 毛泽东. 毛泽东选集：第3卷［M］. 北京：人民出版社，1991：1004.
② 毛泽东. 毛泽东文集：第7卷［M］. 北京：人民出版社，1999：285.

主义而奋斗的时候，必须有这种大无畏的精神。"① 这种"大无畏"也是一种大勇。

　　毛泽东这些论述，都是科学的精辟之言。他首先从"人总是要死的"这个天地间的自然法则出发，然后讲起一个人应当如何"生的光荣，死的伟大"，最后讲到在为共产主义奋斗的时候，必须有一种拼命的大无畏的精神，令人大彻大悟，热血沸腾，勇气倍增，能够在为人民服务的崇高事业中，心怀大勇，"一不怕苦，二不怕死"，义无反顾地前进，英勇地奋斗。

---

　　①　毛泽东. 毛泽东文集：第7卷［M］. 北京：人民出版社，1999：275-276.

第三章

明确职责

古代的官员，尚知"食君之禄，忠君之事"，然而，随着历史变迁，人民早已取代君主成了国家真正的主人，今日之公仆，理应有更高的觉悟，忠于人民，全心全意地为人民服务。作为人民公仆的领导干部，为了更好地完成人民交给自己的有关国计民生的重大任务，为了不辱时代赋予自己的崇高使命，必须明确自己所在岗位的具体职责。领导者的责任重大，所要做的工作也很多，但将其概括起来，主要有以下六大项。

第一节　决策

决策是领导者的胆略。需要领导者做出决策的问题固然甚多，但可将其分作两类。

一、领导者面临的重大问题

领导者的地位越高，面临的重大问题就越多。对于此类问题如何决策？首先，要走群众路线。情况不明，不决策；情况明朗，再决策。其次，要听专家意见。没有论证，不决策；论证充分，再决策。最后，要做比较鉴别。利害含糊，不决策；泾渭分明，再决策。

二、下级所请示的重大问题

一般而言，下级需要请求上级帮助解决的问题主要有两种：一是超规范的问题，二是涉及全局的问题。对此类问题如何处理？首先，必须安排下级至少提出两个以上的解决方案，供上级参考。然后，领导者可以对两者进行全面的比较分析，选择其中更合适的方案；也可以从两个建议中得到某种启发，产生第三个属于自己的应对决策。同时，也可借此机会考察下属的能力，对于仅仅提出矛盾却无法提供解决方法的人，应该考虑在适当的时机对其职务进行调整。

第二节　用人

用人是领导者的精明，其主要内容有三。

一、求贤若渴

伯禽是周公的儿子，受周成王之封当上鲁国第一代国君。在他要去鲁国就任之时，周公语重心长地告诉他："我是周文王的儿子、周武王的弟弟、周成王的叔父，不说大富大贵，也不算太贫太贱吧！但我'一沐三握发'，就是在洗头的时候，有人上门求见，我不愿让人久等，马上停下，出去见客，送走客人再回来接着洗，可是又有来人求见，我只得再停下，出去见客。如此者三。我用餐的时候情形如何呢？'一饭三吐哺'，也常常是三次将口中的饭菜吐出来，立刻出去见要见我的人。我这样尽心尽力地接待天下贤才，还害怕他们不肯到我这里来！当下，你到鲁国为君，最重要的是要明白：'致天下之治者在人才。'欲得人才，你必须求贤若渴；而求贤若渴，就必须力戒高高在上、自以为是，骄傲起来很危险！与之相反，你必须虚怀若谷、礼贤下士、恭敬有加！诚如此，方能群贤毕至，辅佐你将国家治好，从而使百姓安居乐业！"

伯禽经周公这一番谆谆教导，茅塞顿开，心中既感激父亲的良苦用心，又有大彻大悟的兴奋，于是成竹在胸地告别父亲，到鲁国去了。这个故事虽小，但道理很明了，领导者应从中体悟到求贤若渴的道理。

二、破格提拔

一些地方留不住人才的原因很多，有客观方面的，也有主观方面的，该地领导者的作为就是一个主要因素，其中非常重要的一点就是他不会、不能、不敢破格用人。凡不敢破格用人，长此以往，必然产生三种弊端。

（1）人才流失。领导者不重用人才必然会导致人才的流失，最终影响所在部门（单位）的发展。

（2）无恩可感。作为一个领导者，对下属固守论资排辈的错误观念，易使下属丧失工作热情，也失去对领导者的感恩之心。

（3）产生怨气。作为一个领导者，如果领导无方，不知人才为何物，他必然是只使用不培养，甚至思想麻痹、刻薄寡恩，人们长期受到如此轻慢，必定会心中顿生不平。

要革除以上三种弊端，就需要对高人、奇才实行"破格论"。昔年，荀子曾提出过"大贤不待次而举"，至今，已过去了两千余年，还需吾辈强调其观点的正确性、重要性与紧迫性，可见"坐以论道易，起而行之难"。但无论如何难，为了党和人民的事业，也必须打破常规，破格用人，重用人才。诚如此，方能开拓发展的新局面。

三、用人之长

唯物辩证法告诉我们：事物都是一分为二的，即两点论。两点论中的两点，必有一点是主要的，是重点，而另一点是次要的，是非重点。这就从"两点论"中派生出了一个"重点论"。领导者观察事物欲务实求真，任用干部欲用人之长，都需要自觉地运用"两点论"与"重点论"。如果不用"两点论",同时又将"重点论"中的重点与非重点颠倒过来,主次不分、本末倒置,那么天下之大,人才虽多,却也无可用之才;如果带着这种错误的观点,到洛阳去看那万紫千红、婀娜多姿的牡丹花展,其结果必然是一朵又一朵的鲜花也变得黯然失色。所以,花无绝美,金无足赤,人也没有完人。无数事例证明,凡是英明的领导者,他们无不通晓"用人如用器"的道理。因此,他们都是用人之长,弃人之短。诚如此,人才就不难留住,而且工作也能开展得更好。

第三节　规划

规划是领导者的杰作,其主要内容有三。

一、宏伟目标

现代绝大多数国家的领导人上任伊始,都要提出一个施政纲领,其主要内容包括政治、经济、军事、文化、教育、科技、法制、环保、社会、民生、民主、外交等方面,在其任期或者某一个特定的时期内要达到什么样的目标。这些目标,一般而言都是宏伟的、令人振奋的。其目的就在于激起举国上下的热情,调动千百万人民群众建设祖国与保卫祖国的积极性。

同样,各个部门、各个单位的领导者上任之初也需要为自己部门（或单位）的发展做出规划。能否提出一个科学合理的、宏伟的目标，是判断领导者英明与否的重要标志。

二、得力措施

宏伟目标就是奋斗的方向，要实现这一目标，必须有恰当的手段；宏伟目标就是要努力完成的任务，要完成其任务，必须有妥善的方法。正如毛泽东在《关心群众生活，注意工作方法》中所说："我们不但要提出任务，而且要解决完成任务的方法问题。我们的任务是过河，但是没有桥或没有船就不能过。不解决桥或船的问题，过河就是一句空话。不解决方法问题，任务也只是瞎说一顿。"① 由此可见，在提出宏伟目标之后，必须有相应的得力措施与之配套，否则，宏伟的目标就成了可望而不可即的海市蜃楼，就成了毫无用处的空中楼阁。

三、时间限制

无论何种规划，也无论何种目标，都必须明确规定其完成的时间，否则就没有紧迫性，易使其放任自流，长拖不决，终至不了了之。没有时限，没有紧迫性，就不可能千方百计地去动员群众，调动群众的积极性，更不可能产生急中生智的创造、创新。无数事实证明，没有时限就无法衡量其宏伟目标是按时还是超前完成了，或者是根本就没有行动，更无法评价此种规划及其宏伟

---

① 毛泽东. 毛泽东选集：第 1 卷［M］. 北京：人民出版社，1991：139.

目标的科学性及其价值。

有人曾说过："没有时限的规划，是画饼充饥，甚至可以断定只是一种欺骗！"话虽难听，忠言逆耳。因此，无论何种政治家均宜谨慎从事、一诺千金，万不可失信于民众，否则必将受到历史的惩罚！

第四节　规范

规范是领导者的管理，其主要内容有三。

一、责任制

规范，即领导者对下属的管理，这里有两个小故事。

【古今事例】

一个是曹操门禁严格。有一天，曹操刚喝罢酒卧床休息，许褚仗剑立于堂门之内。曹仁欲入，被许褚挡住。曹仁大怒曰："吾乃曹氏宗族，汝何敢阻当耶？"许褚曰："将军虽亲，乃外藩镇守之官；许褚虽疏，现充内侍。主公醉卧堂上，不敢放入。"仁乃不敢入。稍后，曹操闻之，叹曰："许褚，真忠臣也！"

另一个是张飞门禁松弛。某日，张飞与部将同饮，不觉大醉，卧于帐中。范疆、张达二人，各藏短刀，密入帐中，对内侍门岗诈言欲禀机密要事，竟被放入，直至床前，二人同时下手，将短刀直刺张飞胸部与腹部，张飞登时而亡。

【阅读延伸】

从这两个小故事中不难看出，门岗制度是否严格、值班人员是否坚决执行制度极其重要，直接关系着领导者的安危。因此，无论是负责全面工作的领导者，还是分管某一部分工作的领导者，无论所管辖的单位是大是小，领导与服务的群众是多是少，都必须对领导工作中的各个环节与各种各样的工作建立健全严格、周密而又明确的岗位责任制。任何一个岗位都要有工作须知、条例与条令，形成文本发放到每个人手中，使他们明确自己的职责，承担起自己应承担的责任。

二、考成制

责任制建立之后，是否就万事大吉了呢？否！还必须同时建立必要的考成制。考成制的主要内容包括：对一个单位集体工作中的成绩与缺点，对领导者个人的品德与才能，对各个岗位责任制的执行情况所进行的考核与评价。先单位自评，后上级公评；半年初评，年终总评。各人和各单位工作完成情况如何，有些工作未完成的原因是什么，是思想问题还是实际困难，都应当有一个公道而又明确的结论。

三、赏罚制

考成制建立之后，是否就大功告成了呢？否！还必须同时建立必要的赏罚制。赏罚制的主要内容包括以下三点：

（1）赏罚无私。诸葛亮曰："尽忠益时者虽仇必赏，犯法怠慢者虽亲必罚。"

（2）赏罚无畏。尉缭子曰："杀之贵大，赏之贵小。"韩非子曰："刑过不避大臣，赏善不遗匹夫。"

（3）赏罚无迟。孙膑曰："赏不逾日，罚不还面。"柳宗元曰："赏务速而后劝，罚务速而后惩。"

第五节　民主

民主是领导者的作风，其主要精神有三。

一、平等待人

作为一个领导者，要有民主作风，而民主作风的集中表现就是平等待人。欲平等待人必须注意三点：首先，对同志、对人民要有感情，要以普通劳动者的姿态出现在群众之中，那种高人一等、威风八面的"钦差大臣"似的派头，绝非共产党人的作风；其次，要给别人说话的机会，顺耳的、逆耳的都要听，即使别人说得不对，也应该让别人说完，再慢慢加以解释；最后，作为一个领导者，说话态度要温和，尊重群众，不可骄傲自大。那种自以为是的人，总是自吹自擂、官气十足、盛气凌人，不能平等待人。因此，他们所到之处很难得到人民群众真心实意的欢迎。

二、广开言路

如何将会开好？这里面也有民主。毛泽东提倡"群言堂"，反对"一言堂"，而发扬民主就是发展"群言堂"。早在延安时期，毛泽东就推崇"知无不言，言无不尽""言者无罪，闻者足戒""有则改之，无则加勉"这些格言。中国共产党主张"在检讨中推广民主作风，不惧怕批评和自我批评"，并将此种作风作为区别于其他政党的三大优良作风之一；中华人民共和国成立之后，毛泽东又提出了"百花齐放，百家争鸣"的方针，而且收效甚佳。毫无疑义，诸如此类的方针和政策都是以广开言路、发扬民主为基础的。

三、从谏如流

无论职位高低，中国共产党的干部都是人民公仆。对人民实行民主，在广开言路的基础上，按照局部服从全局、眼前服从长远的原则，对群众畅所欲言的、已经发表出来的、分散的不尽完善的，然而是正确的、合情的、合理的、各种各样的意见进行比较、鉴别、提炼与概括，随后进行集中，根据党的政策与策略，将这些意见与建议用于实践，以取得良好的成效。此乃领导者虚怀若谷的体现及其诚意所在，是真正的从谏如流。

民主集中制是中国共产党的组织制度和领导制度。民主，能够使人们心情舒畅，调动个人的积极性与创造性，有利于工作开展；集中，能够使集体意志统一，形成战斗力，有利于改造世界。民主与集中互为前提，相辅相成，是一个相得益彰的统一体。所谓民主集中制，简单地说就是：民主，是在集中指导下的民主；集中，是在民主基础上的集中。毛泽东在讲民主时，强调集中，强调党的领导，反对极端民主化，反对自由主义，反对"群众要怎样办就怎样办"；毛泽东在讲集中时，又强调先民主，后集中。这就是马克思主义的唯物辩证法。

第六节　学习

学习是领导者的头脑，其主要方式有三。

一、向书本学习

政治方面：学习马克思、恩格斯、列宁、斯大林的著作，学习毛泽东选集，学习习近平治国理政思想，学习时事政治，学习党的路线、方针、政策。

工作方面：各行各业都有自己的专业，术业要专攻；都有自己的业务，业务要精通。要懂行，要努力钻研，要成为自己所在岗位的行家里手。

思想方面：学习中华民族优秀传统文化，加强自身修养。除意动之恶，净化灵魂，勿以恶小而为之；养意动之善，贵在行动，勿以善小而不为。

二、向他人学习

向工作在生产车间一线的工人学习，向劳动在田野上的农民学习，向战斗在前沿阵地的士兵学习，向一切有经验、有专长、有贡献的人学习，向一切看似平凡却有远见卓识的人学习。他们都是值得我们尊敬的人，可为我们指点迷津。

三、向实践学习

作为手不释卷的读书人，作为欲为人民建功立业的领导干部，贵在向实践学习，其原因主要有三。

（1）实践出真知。实践是检验真理的唯一标准。

（2）实践出人才。宰相必起自州部，猛将必发于卒伍。

（3）实践出伟人。一生快乐皆庸福，万种艰辛出伟人！

笔者本着"少则得，多则惑"的原则，就领导职责的问题，做了以上提纲挈领式的概括。一个领导干部，在明白了本职岗位的六项职责之后，就必须坚持"领导者要做好自己职责内工作"的原则，既不可对下包办代替，也不可对上越权侵权，绝对不要争权夺利——去包揽那些不属于自己职责范围之内的事。如何干好分内的工作应当是领导者常思的主题。孔子曰："居之无倦，行之以忠。"如果我们能够将这句话作为准则，认真执行，一丝不苟，贯彻始终，那么何往而不胜呢？

第四章

任人唯贤

衡量一个领导者水平的高低主要看什么？对于这个问题，历来众说纷纭，笔者认为最重要的是看他会不会用人。用人问题，不仅关系到领导者为之奋斗的事业的成败，而且关系到他个人的前途与命运。凡能知人善任的领导者，皆属英才；否则便是平庸之辈。在用人问题上，一直都存在四种情况：第一种，有德有才的领导者，重用人才；第二种，有德无才的领导者，忽视人才；第三种，有才无德的领导者，嫉妒人才；第四种，无德无才的领导者，浪费人才。一切胸怀大志而又正直的领导者，他一定会求贤若渴、重用人才，他一定会坚决摈弃那些忽视人才、嫉妒人才、浪费人才的错误做法。

现就任人唯贤——我们民族历史中一直存在的优良品质，试述三个问题。

第一节 用人史例

一、汉高祖用人的经验

【古今事例】

汉高祖刘邦在消灭楚霸王项羽之后，设宴洛阳南宫大会群臣庆祝胜利。刘邦说："你们都不要有什么顾虑，现在谈谈我为什么胜利了，项羽为什么失败了？"高起、王陵陆续发言，他们说："陛下胜利的原因是能够实行厚赏，与天下同利，所以大家都争着为您效劳；项羽失败的原因是妇人之仁，当他的部下立了大功需要奖励的时候，他却把封印在手中抚摸来抚摸去，把印角都磨掉了还舍不得赏给人家，所以人家都不愿意为他卖命。"最后，刘邦总结说："你们只知其一，不知其二，也没有说到重点。运筹于帷幄之中，决胜于千里之外，我不如子房；身统大军，攻必取，战必胜，我不如韩信；治国安民，征集兵员，运输粮草，我不如萧何，但我能够用他们。项羽只有一个范增，还不能用之始终，这就是他被我消灭的原因。"

【阅读延伸】

刘邦总结他胜利的原因，是重视人才，善于使用干部。毛泽东也在《中国共产党在民族战争中的地位》中说过："政治路线确定之后，干部就是决定的因素。"① 如此看来，在两千多年前，刘邦能够总结出正反两方面的正确经验，诚属难能可贵。

二、唐太宗用人的经验

【古今事例】

唐太宗李世民在南征北战取得天下之后，有一天向其群臣提出过这样一个问题："古代帝王，有的能平定境内，却不能征服境外戎狄。我才能比不上古人，却能成功，这是什么原因？你们可以直说自己的见解！"于是，大臣们一个接着一个歌功颂德，说的都是阿谀奉承之言。最后，李世民自己总结道："你们说得不对，我成功的原因只有五条：第一，自古帝王往往妒忌有才能的人，而我见到别人的才能，好似就是我自己的才能；第二，一个人做事，不可能样样都会，我用人总是用他的长处，避免用他的短处；第三，君主提拔、靠近贤良的人，罢黜、远离犯错误的人，我敬重贤良，对待无关大局的错误比较宽容，使他们都能得到适当的待遇；第四，君主常憎恶正直的人，而我即位以来，褒奖正直，从没有黜退过一人；第五，自古以来都是贵中华，贱夷狄，我消除这种偏见，同等看待汉族与非汉族人，因此境外部落都来亲附。我有今天的成功，就是因为实行了这五条。"

---

① 毛泽东．毛泽东选集：第 2 卷［M］．北京：人民出版社，1991：526.

【阅读延伸】

李世民总结他成功的原因有五条，前四条讲的都是喜爱人才、用人之长、爱护人才、褒奖正直，这些用人的原则与方法，毫无疑义是完全正确的，均可归于任人唯贤的范畴；最后一条，讲的是实行民族平等。由此可见，李世民成功的根本原因，除了正确的民族政策之外，就是他任人唯贤。

三、张作霖用人的故事

【古今事例】

有一次，张作霖出外打猎，回来的时候已至深夜，随行人员喊门被拒。张作霖自己上前，大声说道："快开门！我是大帅！"看门人答道："大帅有令，晚上十二点过后，任何人都不准出入。你是大帅也不行！"张作霖听了只得作罢。第二天，他回家之后，办的第一件事就是召见看门人。张作霖说："你好大胆，敢不让我进门！"稍停片刻，接着又说："你忠于职守，干得不错！我提拔你做官吧！"看门人一听惊慌失措地答道："报告大帅，我当官不行啊！"张作霖即含笑鼓励道："怎么不行，我当大帅就行吗？"

有一天，张作霖出乎人们意料，突然将跟随自己多年的一个秘书长撤职了。过了一段时间，在别人问起撤掉秘书长的原因时，张作霖颇为动情地说："其实，他并没有什么大的过错，只是他在任职秘书长的八年中从来没有反驳过我一次，难道八年中我没有做过一件错事？他总是奉承我，要这样的秘书长有何用！"

　　有一次，黑龙江督军吴俊升前往奉天拜年，他比张作霖大十岁，但因自己是下级，也因当时礼俗，一见张作霖便跪下磕头。磕罢头，他一面对张作霖的子女说："过年了，我给你们每个人一千块钱！"一面从口袋里掏钱。正在这时，张作霖勃然大怒："干什么？有这种精神，回去把黑龙江的事情好好办办！"吴俊升闻言又"扑通"一声跪下，惊恐道："请大帅不要生气，我回黑龙江之后，一定照大帅的指示去办！"

　　在1924年第二次直奉战争中，吴佩孚将其军校数百人组成的学生军派往前线实习，结果被奉军全部俘虏。张作霖先将他们集中在一个地方，然后传话说："你们有什么要求，可以写出来。"学生军一听，以为要他们写遗书，顿生恐惧。过了两天，又有人传话说："今天，大帅请大家赴宴！"学生军一听，更加惊恐，以为这是最后一顿饭，吃完肯定会被枪毙。正在这时，张作霖面带微笑地出现在大家面前，语气和缓地讲道："要干事不一定非跟吴佩孚不可，跟我张某人照样可以干大事！现在，请你们考虑十分钟，凡是愿意留下者，一律由少尉提为少校，官升三级。"十分钟之后，除有十人想回老家外，其余的均愿留下。张作霖对其左右大声说："还有十个人不愿留下，他们来此不易，既然他们想回老家去，一定要给足路费，绝不能让人认为我吝啬！"那十人听到张作霖如此慷慨，竟也表示愿意留下。就这样，数百人的学生军一下子被张作霖收入麾下，并为其所用。

【阅读延伸】

张作霖做过土匪，后来被清政府招安当了官，最后成为割据关外问鼎中原的"东北王"。他的发展与其善于用人是密切相关的，其中，通过实践识别干部、注意培养青年干部、破格提拔干部等措施，都是张作霖成功的重要因素。

第二节　如何知人

一、听其言，观其行

在社会交往中，如何知人？首先，要听其言。言为心声，不可不听，主要是听其观点，观点即是其为人。例如曹操的"宁教我负天下人，休教天下人负我"，就是其奸雄的体现。其次，还要观其行。观行有三：一观其言行是否一致，二观其动机与效果是否统一，三观其能力大小与是否尽力。

二、疾风知劲草

东汉开国皇帝光武帝刘秀，在河北为敌所困。当其处境极度困难，众叛亲离之时，他看到了始终坚定不移地追随自己的颍川人王霸，不禁为之赞叹："疾风知劲草啊！"凡能经受住严峻斗争考验的人，皆可亲之信之，而后重用之！

三、路遥知马力，事久见人心

欲知马力之大小，唯有通过长途跋涉才可以获悉；欲见人心之好坏，唯有通过长期共事才可以洞察。这些都是《实践论》的观点，实践出真知。

四、观友

不知其人怎么办？可以观其友。因为"物以类聚，人以群分"是亘古不变的规律，所以观其友亦可知其人。

五、观过

从一个人所犯错误的性质及其态度，可以知其人。例如，一个人贪图金钱贿赂，而另一个人生活作风不正，他们所犯错误的性质不同，说明他们的追求与兴趣各异。在对待错误的态度上，一个人经过党的教育、批评与斗争，痛改前非，仍不失为好同志；另一个人则屡教不改，无可救药，终将成为人民的敌人。所以，应如何知人？孔子曰："观过。"

六、间之以是非而观其志

向一个人提出大是大非的问题，来看其志向、志趣有何特点。徐庶是三国时期十分有名的谋士，时刘备奉刘表之命驻新野，徐庶有意投靠刘备，但不确定刘备是否像传说的那样仁义贤明。一日，徐庶巧遇刘备，便借机试探。徐庶绕着刘备所乘白马走了几圈，故作惊讶道："的卢虽为千里马，却只妨主，不可乘也，可先送痛恨之人，待妨过一主后，再要回它，就不会有事了。"刘备认为这是损人利己之事，于是直言拒绝："公初至此，不教吾以正道，便教作利己妨人之事，备不敢闻教。"徐庶听刘备这么回答，连忙赔笑作揖，告诉刘备自己一路上听闻荆州百姓夸赞刘皇叔贤德仁义，不敢轻易相信他人之言，"故以此言相试耳"。自此，徐庶投身刘备帐下，辅佐刘备。

七、穷之以辞辩而观其变

用激烈的言辞故意激怒一个人，以考察其气度及应变的能力。赤壁大战前，为促成孙刘联合抗曹，诸葛亮亲赴东吴，慷慨陈词，舌战群儒，留下一段佳话；诸葛亮北伐曹魏时，魏国军师王朗随军出战，阵前两人你来我往，骂得不亦乐乎，不久王朗不敌，当场被言辞犀利的诸葛亮骂死，成为千古笑谈。

八、咨之以计谋而观其识

向一个人提出某方面的问题或向其请教疑惑之难事，让其思考相应的计策，看他的谋略是否深远、见解是否独特、办法是否可行，借以考察其见识。古往今来，在工作和生活中，矛盾无处不在，斗争不可避免，不仅包括小人的钩心斗角，也包括正邪、善恶之间的大冲突、大对决。那些毫无计谋、遇事便束手无策的人，即使有心为善，为上级解愁，为下级排忧，也会力不从心，无法左右大局，所以需要"咨之以计谋以观其识"。

九、告之以祸难而观其勇

告诉一个人灾祸即将来临，以考察他的勇气。缺乏勇气的人，别说惩恶扬善，就连自身也难保，又怎能坦然面对一些急难险重任务呢？面对尖锐矛盾、攻坚任务、棘手问题，无勇，恐难担当大任。三国故事中，常有两军对阵，主帅喝问："谁敢迎敌？"猛将常常挺身而出："某愿往！"主帅喜而用之，猛将战而胜之。抗美援朝时期，面对携"二战"胜利之威且装备极为精良的美军，彭德怀对担任志愿军司令员没有犹豫推托而是毅然勇挑重担，最终带领中国人民志愿军，与朝鲜人民军一同作战，取得了战争的胜利。

十、临之以利而观其廉

有的人看起来很廉洁只因他没有贪污的机会，如果投其所好，以小恩小惠引诱他，他就会原形毕露。把利益诱惑摆在一个人面前，"临之以利"才能考察他是否真的清正廉明。东汉时期，荆州刺史杨震调任东莱太守，赴任途中经过昌邑，县令王密正是由其举荐的，晚上，王密前来拜会，相谈甚欢不觉已至深夜，临别时，王密从怀中捧出黄金以报恩师，说："三更半夜不会有人知道的，请收下吧。"杨震正色道："天知，神知，我知，你知，怎能说没人知道呢?"后人称杨震为"四知太守",可见其廉洁自律之操守。

法国著名作家伏尔泰(1694—1778年)在其哲理小说《查第格》中讲了一个小故事:国王想任命一个清廉的人当税务总监,但是不知道采取什么方法才能找到这样的人。国王请查第格为其出主意。查第格闻言,当即建议道:"第一步,发布招贤广告,广揽各方人才;第二步,先在一条阴暗而又狭窄的走廊里放满金银珠宝,然后让众多应聘者依次通过这条走廊;第三步,请他们在一个宽敞明亮的场地中跳舞,那位舞姿最轻盈的人,就是税务总监的最佳人选。"国王听完这个建议,似懂非懂地对查第格说:"那就按照你的意见,试验一下吧!"于是逐步实施,最后果然发现在百余名应聘者中,只有一个人跳出了轻盈的舞步。查第格将他带到国王面前,报告道:"陛下,这位就是最佳人选!"国王莫名其妙,查第格解释道:"那众多的愚者都是跟着感觉走,在走廊里偷了金银珠宝藏在自己身上,所以到舞场时不敢放开手脚地跳,个个舞姿笨拙、丑态百出;唯有这一位智者跟着理智走,他品德高洁,一身正气、两袖清风,从而跳出了最美的舞姿。"至此,国王恍然大悟。这个故事虽然很小,给人的启发却不小。它对"临之以利而观其廉"做出了一个极好的诠释,为我们做出了一个成功的典范。

十一、期之以事而观其信

一个人的信用,需要通过一些事情来验证,询问其承诺、观察其态度、考察其结果，最后看其是否诚信，是否值得委以重任。战国初期，魏文侯有一次与主管猎场的虞人相约某日到郊外打猎，至期大雨，左右皆劝魏文侯不要去了，文侯判断虞人不会失约，作为国君应当示信于部属，于是说到做到，坚持冒雨赴约。魏文侯此举不仅以身作则取信于民，也验证了部下是否守信，借以考察干部的诚信。

三国时，孙策击败刘繇，获其部下太史慈，拜折冲中郎将。不久，刘繇丧于豫章，其部下士众万余人无人可附，太史慈自告奋勇，欲前往招抚兵众。孙策左右皆说："太史慈必北去而不还"，孙策却颇具信心，并为其饯行，临行时握着太史慈的手问："何时能够回来？"太史慈答道："不过六十日。"后来，他果然如期而返。太史慈能够得到孙策、孙权的信任重用，除其忠诚、英勇外，诚信也是非常重要的一个原因。

第三节　如何善任

作为领导者，不仅要"知人"，而且需要"善任"。本节第一至第三点以历史经验说明了重视人才的重要性；第四至第七点以具体案例说明了对待人才应有的态度；第八点和第九点阐述了"善任"的具体措施。

一、礼贤下士

大凡历史上的贤才，都不轻于去就，正所谓"良禽相木而栖，贤臣择主而事"。同时，他们还推崇"女为悦己者容，士为知己者死""众人国士之论"，等等。因此，历史上的领导者也多用礼贤下士之法，使其感恩，乐为己用。其中最出名的有刘备三顾茅庐、孙权下马迎鲁肃、曹操三下求贤令等。

二、破格用人

【古今事例】

春秋时代，晋国、燕国同时侵犯齐国，大敌当前，齐景公食不甘味，一筹莫展。宰相晏婴挺身而出，极力推荐司马穰苴。此人此时只是一介布衣白身，地位卑贱，但齐景公忧国心切，破格用人——命其为全军统帅，令其御敌。同时，应司马穰苴的要求，任命自己的宠臣庄贾担任监军。司马穰苴约定第二天正午校场典兵，监军庄贾迟到，司马穰苴不由其分说，即斩宠臣以立威。后旌麾北指，士卒拼死御敌，燕晋败退。因此，司马穰苴一举成名，他的《司马兵法》流传至今。与此同时，齐景公也因其大胆地破格用人名垂青史。

三、筑台拜将

【古今事例】

萧何月下追韩信，追回之后第四次向刘邦举荐他。当时很多人并不看好韩信，认为他"寄食漂母，无资身之策；受辱胯下，无兼人之勇"。刘邦志在天下，急需人才，只得接受宰相萧何的意见，在南郑城郊建筑高台，隆重集会，亲拜韩信为大将军。汉王此举，全军皆愕然。刘邦此举表现出了对韩信的无限信任，也使全军将士不得不服从韩信的指挥。之后，韩信"明修栈道，暗度陈仓"，以迅雷不及掩耳之势突然袭击，夺取了关中之地；接着，挥师出关，侧背迂回，困项羽于垓下，帮助刘邦取得了空前的胜利！

四、用人不疑

一般而言，昏君容易生疑，明君则用人不疑。这里有两种情况。

第一种，不因其败而疑其贤。

【古今事例】

秦国大将孟明视三败于晋，自感必死。但秦穆公仍对他优礼相加，信用如初，使其感动、振奋，后来终于战胜晋国，威震诸侯，使秦穆公成为中国历史上著名的春秋五霸之一。这正是用人不疑的典型范例，类似的例子还有鲁庄公信用曹沫等。

第二种，不因人谗而疑其贤。

【古今事例】

在当阳大战之时，糜夫人之弟糜芳向其姐夫刘备进谗："赵子龙反投曹操去也！"刘备叱道："子龙是我故交，安肯反乎？"张飞亦曰："他今见我等势穷力尽，或者反投曹操，以图富贵耳！"刘备仍不以为然："子龙从我于患难，心如铁石，非富贵所能动摇也！"事实证明，刘备的看法是正确的。赵子龙并没有投降曹操，而是在长坂坡大战曹兵，单枪匹马，九死一生，杀透重围，救出阿斗，长坂雄风至今犹存。此后，他在平定西川、建立蜀国、保卫蜀国的战争中都有伟大的功绩。这正是刘备知人善任、不信谗言、用人不疑而获得的成功，类似的例子还有魏文侯信用乐羊等。

五、用人之长

诸葛亮对来自部属的合理化建议，通常采取"谁出主意，让谁去办"的原则。按照常理，一个人能就某个问题为领导者出谋划策，他必然有独到的见解，而且对此方案也必然充满信心。因此，可以肯定诸葛亮这个原则甚好，可用人之长，且能使其竭尽全力，从而获得最佳效果。

六、得主专制

领导者欲干大事，成就大业，必须信任有能之人，使其有主持与指挥的权力，诚如此，则必然胜利。孙武在其《孙子兵法·谋攻篇》中说："将能而君不御者胜。"孙膑在其《孙膑兵法·上篇·篡卒》中说："得主专制者胜。"历史经验证明，他们的理论完全正确。对于一位领导者来说，学会放权、任用有能力的干部是极其重要的问题。在赤壁之战中，孙权对周瑜的任用就是一个成功的先例。

七、特才特遇

【古今事例】

白求恩同志是加拿大人，为了帮助中国抗日，不远万里，于1938 年春来到中国，在延安受到毛泽东真诚而又热烈的欢迎，而后到晋察冀边区的五台山工作。白求恩是个医生，他的医术在整个八路军医务系统中是很高明的，是一位专家级的特等人才。当时边区的工作与生活非常艰苦，八路军的战士每人每天的伙食标准五分钱，一月不过一元五角；司令员聂荣臻同志每月的伙食费也只有五元钱。毛泽东却在"特事特办"的同时，又坚持"特才特遇"的原则，特批给白求恩每月一百元的生活费。毛泽东的仁慈与慷慨，着实令白求恩大为感动。他不止一次地对聂司令员说："你们不要对我过多地照顾，你们应该把我当作一挺机关枪来使用。"的确，他随军转战，不怕牺牲，一面夜以继日地救治伤员，一面耐心细致地培训医务人员，为中国抗日战争的胜利贡献了自己的一切。

八、关心下属

作为领导者，一定要关心下属，关心自己的干部，绝对不能官僚主义，感情冷漠。凡是采取这种错误态度的，势必不会得人心，一定会失去号召力，从而使团队丧失战斗力，最终一败涂地。

那么，作为一个领导者，应当如何关心自己的下属呢？在这里，需要善处的具体事务有四：第一，下属身体健康恶化，病重住院治疗的时候，要去慰问。第二，下属家庭生活困难的时候，要尽量给予必要的照顾。第三，下属因为合理的原因要求调动工作的时候，必须在可能的限度内给予解决。第四，在下属犯了错误的时候，一般性的错误不宜公开点名批评，而应采取谈心的方式，以理服人；只有那些犯了严重错误又不接受指导的人，才应对其采取开会揭露与说理斗争的方法。但是也要采取"思想批判从严，组织处理从宽"的原则。

九、帮助下属提高其工作能力

用人之前，首先要发现贤才，然后才能任人唯贤。这是用人的常规，但问题并没有到此为止。在使用贤才的过程中，如何使其贤上加贤，达到更高的水平也是每一位领导者所面临的一个重要问题。从历史与现实的情况来看，解决这个问题的办法有三。

（一）提倡读书

【古今事例】

吕蒙是三国时代吴国名将，16 岁从军，作战勇敢，三十而立，颇有成就。但因其读书不多，文化水平不高，常被时人视作一介武夫，呼之"吴下阿蒙"。吴国君主孙权，慧眼识英雄，有一天找吕蒙谈话，劝他多读书提高自己的理论水平。吕蒙却认为，军务繁忙，无暇读书。孙权耐心地开导他说："我年少时就读了很多书，继承父兄基业主事之后，工作更忙，但我还是见缝插针，挤出时间学习。你说军务繁忙，难道你比我还要忙吗？"吕蒙折服，即请示孙权：读什么书？用什么方法读？欲达到什么目的？孙权闻言甚喜，面带微笑地回答道："可以先读《孙子兵法》《六韬》《三略》，之后再读《左传》《周易》，等等。读书的方法在虚一而静，对每一本书都要通读、精读，深入钻研，领会精神，采其要旨；确有心得之后，希望你用之征战，再立新功！"从此之后，吕蒙开始重视学习，行军作战，手不释卷，获益匪浅。有一次鲁肃经过吕蒙驻地与之交谈，对其学习上的进步大为惊讶，感叹道："士别三日，当刮目相看。真真是今非昔比，你早已不是过去的吴下阿蒙了！"后来，吕蒙为吴国解决了长期悬而未决的问题，兵不血刃地夺回荆州，同时生擒蜀国大将关羽，为其君主孙权立下了不世之功。由此可见读书对一个人能力提升的帮助之大。

（二）集中培训

提高下属的能力需要通过各种培训，给他们提供学习的机会。培训内容可以包括思想改造、形势教育、业务培训、领导力培训；单次培训时间不宜过长，一期一月即可；培训方法可以是领导亲临现场训话，也可邀请专家学者讲课，授课与启发并用，重在理论结合实际。同时应当规定：每一个学员都必须结合自己的实践经验写一篇学习心得，以达到真正有所提高之目的。

（三）实践锻炼

中国古人有言："猛将必发于卒伍，宰相必起自州部。"这种用人贵在基层经历与实践经验的做法，是建立在人才成长的一般规律之上的，因而可以肯定是完全正确的。刀不在磨石上常磨则必钝，人不在实践中常炼则必愚。因此，作为一个领导者，应当根据下属的不同情况，将其安排到不同的地方去锻炼。对于没有实际工作经验而只会纸上谈兵的人，要安排到最基层去，让其摸爬滚打，多加锻炼；对于在温室中成长起来的人，要安排到最艰苦的地方去，经过几年"劳其筋骨，饿其体肤"的生活，必能造就其过硬的思想作风；对于一直处于顺境、动辄不可一世的人，则应将其放到最困难的地方去，几经磨难，几多痛苦，就会变得谦虚起来，正所谓"艰难困苦，玉汝于成"；对于长期在同一岗位工作，经历简单、能力单一的人，则应为之创造条件，使其经受多部门、多岗位的锻炼，从而提高其处理复杂问题的能力。通过诸多实践的途径，使各种不同的下属都能得到必要的锻炼与提高，从而形成"强将手下无弱兵"的格局。诚如此，则将无往而不胜！

【阅读延伸】

知人是善任的前提；善任则是知人的结果。如何知人是手段；如何善任是目的。任人唯贤的问题，看似简单，其实复杂，其中大有学问，很值得我们进一步探讨其固有的规律！

三国时代蜀国君主刘备就曾与其丞相诸葛亮多次讨论任人唯贤的历史经验。他们追溯前汉与后汉两汉的历史，得出的结论是："亲贤臣，远小人，此前汉所以兴隆也；亲小人，远贤臣，此后汉所以倾颓也。"这个包括正反两方面经验与教训的结论，毫无疑义，是完全正确的。诚然，任人唯贤与任人唯亲是对立的，但也有其统一性——历朝历代凡是君主，无论明君还是昏君，都有一个共同的人性的弱点，即以个人好恶知人用人。昏君愚钝，不知自律，常常放纵自己，丧失常人的理智。小人奸诈，则主动亲之，投其所好，此所以"小人卑鄙常得志"也；君子忠实，则冒死苦谏，不计荣辱，此所以"君子高尚屡受挫"也。对于昏君而言，失去忠臣，被群小包围，其结果必然是丧失其原本拥有的一切；明君聪慧，虽有常人之欲，但能严格自律。昏君失败、明君成功的经验值得每一位领导借鉴，如能克服自身感情用事的人性弱点，理智地待人接物，不再为私情所累，则必可成就一番伟大事业。

培根说过："读史使人明智。"作为一个领导者，如能读些史书，并从中得到一些有益的启发，从而更自觉、更准确、更坚决地贯彻执行党的任人唯贤的组织路线与相关的一切政策，充分发挥各种贤才的作用，借以取得更佳政绩，岂不是更好？

第五章

以法为度

就一国而论，任何法律都是统治阶级制定的，因此从具有国家根本大法性质的宪法到各条战线、各个行业的每一个具体的法律，都必然体现统治阶级的意志，为统治阶级的利益服务。法律的功能就是建立良好的社会秩序，为发展生产、繁荣经济、富国强兵提供有利的环境，进而达到外无强敌侵略，安如磐石，内无匪患滋扰，人民安居乐业，国家长治久安的目的。

那么，作为一个领导者应当如何以法为度呢？首先要因势立法。法律是治国的利器，也是一种手段。没有法律或者法律失去作用，国家就无法治理。"有法则治，无法则乱"，这是一般的规律。其次，要依法行政。韩非在其《韩非子·有度》中说过："国无常强，无常弱。奉法者强则国强，奉法者弱则国弱。"这就是说，执法人员的素质很重要，他们必须公道正派、一丝不苟，坚持法律面前人人平等的原则。最后，要厉行监督。为了防止执法人员违法乱纪，有法不依，甚至为非作歹，祸国殃民，必须在建立健全监督机构、监督职责与监督制度的同时，精选得力人员，形成能干的专业队伍，还要与走群众路线结合起来，保证广大群众公开检举揭发的权利。因势立法、依法行政与厉行监督，这是构成以法为度的三个最重要的环节。如能抓紧抓好这三个环节，则必然可以建成一个"文官不爱钱，武官不惜死"的太平盛世。治理国家如此，管理一个部门、一个单位亦如此，本章将通过一些古今中外的具体事例，说明以法为度的具体做法及其可取得成效。

第一节　依法治理

【古今事例】

公元前361年，秦孝公继位，即出榜招贤。商鞅闻之，遂离开魏国，前往秦国，通过秦孝公嬖臣景监三次引荐，进献《伯术》。彼此问答后，秦孝公大悦，遂拜商鞅为左庶长，且谕群臣："今后国政，悉听左庶长施行。有违抗者，与逆旨同！"群臣肃然。

在秦孝公的信任与大力支持下，商鞅开始变法，制定的新令内容甚广，包括定都、建县、辟土、定赋、本富、劝战、禁奸、重令，共计八项。新法实行数年，颇有成效，秦国出现了新的气象：路不拾遗，夜不闭户，国无盗贼，仓廪充足，勇于公战，怯于私斗。秦国富强，天下莫比。于是兴师伐楚，取商於之地，武关之外，拓地六百余里。周显王遣使册命秦为方伯，于是诸侯毕贺。

自秦孝公起，到秦庄襄王止，经传六世，历时 115 年，秦国在商鞅变法的基础上逐渐成为战国七雄中最强大的国家。秦始皇在公元前 230 年至公元前 221 年，十年之内消灭韩、赵、楚、魏、燕、齐六国，统一天下，取得了空前的伟大胜利。

【阅读延伸】

秦始皇胜因何在？除了他本人具备的雄才大略之外，毫无疑义，就是秦国在很长的一个历史时期内实行以法治国的结果。

第二节　因势立法

【古今事例】

刘备进入成都，建立蜀国，使诸葛亮拟定治国条例。诸葛亮从实际情况出发，采取"刑乱国，用重典"的方针，拟定的刑法颇重。蜀郡太守法正却不以为然："昔高祖约法三章（杀人者死；伤与盗抵罪；秦法繁苛，全部废除），黎民皆感其德。愿军师宽刑省法，以慰民望。"诸葛亮则答之曰："君知其一，未知其二：秦用法暴虐，万民皆怨，故高祖以宽仁得之。今刘璋暗弱，德政不举，威刑不肃；君臣之道，渐以陵替。宠之以位，位极则残；顺之以恩，恩竭则慢。所以致弊，实由于此。吾今威之以法，法行则知恩；限之以爵，爵加则知荣。恩荣并济，上下有节。为治之道，于斯著矣。"（《三国演义》第六十五回）法正闻言拜服。

【阅读延伸】

这个故事说明了一个深刻的道理：不同的历史时期应当有不同的立法方式，不可简单地照搬照抄，一切都应当以不同的时间、地点、条件为基础。对于一个领导者而言，如果前任领导者用法过严，则宜施之以宽；否则，则施之以严。根据不同历史时期、不同的政治形势，因势立法，根据各地方、各单位、各部门的具体情况制定具体的规定，这是一条极其重要的规律！

第三节　取信于民

【古今事例】

商鞅变法，在其新令没有公布之前，他为了取信于民，立三丈之木于咸阳南门，同时贴出布告曰："有将此木扛到咸阳北门者，赏黄金二百两。"百姓聚观，皆中怀疑怪，无敢扛者。第二天，商鞅改其布告："有将此木扛到咸阳北门者，赏黄金五百两。"观者愈众，皆莫测其意，仍无扛者。第三天，商鞅又改其布告曰："有将此木扛到咸阳北门者，赏黄金一千两！"聚观者人山人海，众人愈疑，忽一人挺身而出，曰："秦法素无重赏，今竟有此令，必有计议。纵不能得千金，亦岂无薄赏！"遂扛其木向着咸阳北门而去，百姓从而观者浩浩荡荡；商鞅在咸阳北门城楼上接见此人，即赏其黄金一千两。然后，向广大群众乃至举国上下宣告："从现在起，凡是政府提倡的，你们要做，做者有赏；凡是政府禁止的，你们不可违犯，违者必罚。"这个群众大会散了之后，人们奔走相告，皆言左庶长商鞅言而有信，令出必行。次日，商鞅将变法新令在咸阳公布，随后又颁布全国，遂令行如流。

【阅读延伸】

商鞅一诺千金，取信于民，为其变法新令的实施创造了政府必须具备的公信力。这既有利于树立威信，又有利于政令的贯彻执行。商鞅的做法是一个成功的先例，同时也是领导者值得借鉴的一条历史经验。领导者言而有言，才能最终使法规、制度行之有效。

第四节　三令五申

【古今事例】

孙武以其《孙子兵法》见于吴王阖闾。阖闾曰："子之十三篇，吾尽观之矣，可以小试勒兵乎？"对曰："可。"阖闾曰："可试以妇人乎?"曰:"可。"于是许之,出宫中美女,得一百八十人。孙武将其分为左右二队,以王之宠姬二人各为队长,皆令持戟。令之曰:"汝知而心与左右手背乎?"妇人曰:"知之。"孙武曰:"前,则视心;左,视左手;右,视右手;后,即视背。"妇人曰:"诺。"约束既布,乃设铁钺,即三令五申之。于是鼓之右,妇人大笑,或起或坐,参差不齐。孙武曰:"约束不明,申令不熟,将之罪也。"复三令五申而鼓之左,妇人复大笑,队形甚乱。孙武曰:"约束不明,申令不熟,将之罪也;既已明而不如法者,吏士之罪也。"乃欲斩左右队长。吴王从台上观,见且斩爱姬,大骇!趣使下令曰:"寡人已知将军能用兵矣。寡人非此二姬,食不甘味,愿勿斩也!"孙武曰:"臣既已受命为将,将在军,君命有所不受。"遂斩队长二人以徇。用其次为队长,于是复鼓之。妇人左右前后跪起皆中规矩绳墨,无敢出声。于是孙武使使报王曰:"兵已整齐,王可试下观之,唯王所欲用之,虽赴水火犹可也!"吴王曰:"将军罢休就舍,寡人不愿下观。"孙武曰:"王徒好其言,不能用其实。"于是,阖闾知孙武能用兵,卒以为将。西破强楚,入郢,北威齐晋,显名诸侯,孙武与有力焉。(《史记·孙子吴起列传》)

【阅读延伸】

孙武在吴宫演习战阵,先教规矩,严以军律,三令五申,务使官兵一体周知。后则约束再三,申令已明,而吏士仍不如法者,乃斩左右队长示众，枭其首于军前。于是，两队宫女无不惊惧。用其次为队长，复鼓之，军容肃然，一切行动遂听其指挥矣。军事家三令五申，多用重罚，可以威慑士卒。这既有利于树立威信，又有利于军令的实施。孙武斩宠姬以立威的做法，揭示了军令如山的治军之理。如果领导者能从中得到一些有益的启示，并运用于管理，例如培养下属令行禁止的作风，也必然有其良好之效果！

第五节　赏罚严明

对于领导者而言，赏罚严明，意义重大。一是有利于事业的成功。正如诸葛亮所指出的："昔孙武所以能制胜于天下者，用法明也。"孙武在吴国为将，西破强楚，攻克郢都，北威齐晋，成就其制胜于天下的功绩，其原因就在于行军作战赏罚严明。二是有利于权威的提高。重权威令，令行如流，就能如姜子牙所言："故其兵为天下雄。"他所指挥的军队就能成为战无不胜的雄师。三是有利于对下属的统御。曹操总结自身的经验，颇有道理："明赏罚，虽用众，若使一人也。"武则天之所以能成为中国历史上第一个女皇帝，也是因为她赏罚严明，"挟刑赏之柄，以驾御天下"。历史经验证明，赏罚严明乃管理之要法。因此，无论是对领导者所从事的事业还是其个人前途，都具有重大而又深远的意义，领导者万不可掉以轻心！

那么，领导者怎样才能做到赏罚严明呢？首先，要执法公平。"尽忠益时者虽仇必赏，犯法怠慢者虽亲必罚。"这就要求出以公心，不计亲仇，天下为公。其次，要法不阿贵。尉缭子曰："杀之贵大，赏之贵小。"① 韩非亦曰："刑过不避大臣，赏善不遗匹夫。"② 最后，要赏罚宜速。孙膑曰："赏不逾日，罚不还面。"③ 柳宗元亦曰："赏务速而后有劝，罚务速而后有惩。"④

第六节　厉行监督

无论是法律还是法规，不在多少，而贵在必行。要想保障各种法律与法规的正确执行，除了提高执法者的思想觉悟与工作能力之外，还有一个对执法者如何厉行监督的问题。纵观历史，无论什么时代，理论上的监督并不少，实际上的厉行却少之又少。正是由于严格的监督缺位，才会导致部分执法者以权谋私，腐败盛行。欲厉行监督，关键在领导，他们必须具备强烈的事业心与高度的责任感。在这个前提之下，厉行监督的办法甚多，兹举其要者如下。

---

① 徐勇，译．尉缭子·吴子［M］．第 1 版．河南：中州古籍出版社，2010：64.
② 高华平，王齐洲，张三文，译注．韩非子［M］．第 1 版．中华书局，2010：50.
③ 范阳，主编．柳宗元哲学著作注释［M］．第 1 版．广西人民出版社，1985：66－68.
④ 孙膑兵法［M］．河南：中州古籍出版社，2004：133.

一、层级监督宜刚

层级监督，在这里主要是讲领导者对其下属的监督。中国古人有言："刚中而应，行险而顺。"即以适当强硬的态度临之以庄，可以得到下属的响应；以雷厉风行的手段行事，可以得到下属的顺从。在印度，有一个层级监督宜刚的典型。

【古今事例】

自 1853 年建成第一条铁路、火车开动至今已经 158 年。现在，印度铁路全长七万公里，广布城乡的车站七千余座，全国铁路员工数百万，铁道部公务员两千多人。印度政府对公务员待遇从优，除了高工资以外，每年的假期累计超过六个月。尽管如此，铁道部公务员并不感恩敬业，身在福中不知福，迟到早退，自由散漫，遂致全国铁路事故频发，伤亡人数甚多，损失巨大。长此以往必引发更大的问题。

作为一个领导者，应当先从领导机关抓起，由近及远，进行整顿，借以控制全局。一天上午，在上班时间已过半小时后，铁道部部长忽然出现在办公大楼前，下令门卫关闭所有大门，禁止任何迟到的工作人员进入。这一突然袭击，发现问题果然严重：在 700 名中高级公务员中，有 66 人迟到，其中甚至有铁路委员会的 5 名高级官员。而在 1619 名低级公务员中，有 453 人迟到，合计迟到总数 519 人。盛怒之下，部长下令：不允许这 519 名迟到者当天上班，并在其当月工资中扣除一天的薪水，以儆效尤。

当地媒体披露：如果部长真的在上班时间一到就开始计算，那迟到的人数估计不会低于40%，这次上班时间已过半小时的督查，显得部长有一点"法外开恩"。纵然如此，此事仍在印度全国引起了极大的轰动。

二、法纪监督宜严

古今中外的经验表明，法纪监督贵在一个"严"字。正如古人所说："法严则人思善，治弛则物生恶。"

【古今事例】

在中华人民共和国成立初期，就有一个法纪监督宜严的典型事例。1951年10月，天津专署一位副专员向河北省委组织部揭发了天津市委书记刘青山、专员张子善的违法乱纪事实，此事引起了省委的重视并进行了调查。12月4日，报请中共中央华北局批准，做出了开除刘青山、张子善党籍的决定。12月14日，河北省委又向华北局提出了处理意见：因刘、张事件是"三反"运动中暴露出来的第一大案，总共贪污挪用公款约二百亿元（均为旧币），"我们一致意见处以死刑"。之后，由河北省人民检察院提起公诉，河北省高级人民法院宣判。经最高人民法院核准，对刘青山、张子善处以死刑，立即执行。1952年2月3日，华北局召开常委会，布置公审大会事宜，并拍摄电影。2月10日，在河北当时的省会保定举行公审刘、张二人的大会，并对其执行了枪决。

刘、张分别是 1931 年和 1933 年入党的老党员，都经历过长期革命战争的严峻考验，但在和平时期，他们居功自傲，贪图享乐，变成了人民的敌人。他们受到法律的严厉制裁，消息传开，人心大快，举国上下无不称颂共产党英明伟大，天下为公！

三、群众监督宜广

1941 年 11 月《在陕甘宁边区参议会的演说》中，毛泽东说："共产党是为民族、为人民谋利益的政党，它本身决无私利可图。它应该受人民的监督，而决不应该违背人民的意旨。"在同一篇演说中，毛泽东又谆谆地教导大家："共产党员必须倾听党外人士的意见，给别人以说话的机会。别人说得对的，我们应该欢迎，并要跟别人的长处学习；别人说得不对，也应该让别人说完，然后慢慢加以解释。共产党员决不可自以为是，盛气凌人，以为自己是什么都好，别人是什么都不好；决不可把自己关在小房子里，自吹自擂，称王称霸。"①

1945 年 7 月，在延安的窑洞里，毛泽东对黄炎培说："只有让人民来监督政府，政府才不敢松懈。只有人人起来负责，才不

---

① 毛泽东. 毛泽东选集：第 3 卷 [M]. 北京：人民出版社，1991：809.

会人亡政息。"①

　　毛泽东讲得很清楚，他的一贯主张也十分明确：共产党需要人民的监督，政府也需要人民的监督。既然如此，那么作为国家的组成部分，又有哪一部分、哪一个国家机关可以不受人民的监督呢？显然是无一例外。这是一个严肃而又重大的原则问题，需要慎之又慎地加以探讨与研究。在必要之时，可以考虑运用立法的手段，对群众举报、群众监督、舆论监督等问题进行规范，并颁布相应的法律法规。既可以保障群众监督的建设性与长效性，又可以避免群众监督的破坏性与贻患性，将群众监督纳入法制化的轨道，借以充分发挥群众监督的积极作用，从而有利于各部门的发展，有利于国家的长治久安。

四、领导监督宜明

　　在《六韬卷一·文韬·大礼第四》中，记述了姜子牙在回答周文王"主明如何"这一问题时的精彩论述，其译文如下：

　　周文王问："做君主的如何才能洞察一切呢？"

　　姜子牙答道："眼睛贵在能明察，耳朵贵在能敏听，头脑贵在能思虑周详。依靠天下人的眼睛去观察，就能无所不见；凭借天下人的耳朵去倾听，就能无所不闻；利用天下人的头脑去思虑，就能无所不知。如果四面八方的意见与消息都可以汇集到君主那

---

① 中共中央文献研究室，编撰. 毛泽东年谱：中卷［M］. 北京：中央文献出版社，2013：611.

里，那么君主就能够洞察一切而不受任何蒙蔽了。"

【阅读延伸】

姜子牙认为唯有君王英明，不受蒙蔽，才能对群臣厉行监督。这一事例讲的虽为古之君王，但今之领导者亦可从中悟得道理，学习历史，古为今用。领导者宜明的监督在诸多监督之中居于重要地位，起着举足轻重的作用。

第七节　回避原籍

在中国古代，无论是地方官任职还是京官下放，都不在其原籍任职。为什么？这是因为在原籍任职弊病甚多。

第一，易对人民群众不利。在原籍任职者，亲戚多、朋友多、熟人多，要办的事情也多。一旦出现民事、刑事案件，他们中的一些人就会"亲者以情托"，向领导者提出种种不尽恰当甚至无理的要求。面对这种情形，领导者不易做出公正的处理。如果他一次又一次地徇私枉法，只顾满足亲者的要求，则势必造成对人民群众的极大危害。

第二，易对法规执行不利。如果地方的领导者奉行"人情大于国法"，那么徇私枉法的势头就难以制止。长此以往，"上有政策，下有对策"，法律法规的实施在该地区就不能畅通无阻，积以时日，就有可能出现"有法不依，违法不究"的现象。

第三，对干部成长不利。在原籍工作，地理民情比较熟悉，这既是一个有利条件，又是一个易让其产生懈怠心理的不利条件。首先，一直在原籍工作会使其缺乏在广阔地域可能碰到的更大更多艰难困苦的锻炼，使其工作能力无法得到充分的提升；其次，存在决定意识，不了解外面的世界、思想狭隘、观念落后会导致其开拓精神受限；最后，总在一个地方，交往不多，容易信息闭塞，因而导致其发展机遇受限。有此三限，对于干部的成长，显然是不利的。

鉴于此，领导者在任命下级的管理者时，可适当调整其工作部门，让其得到更充分的锻炼，使其工作能力可以进一步提升。

第八节　"法外施恩"

在《孙子兵法·九地》中，孙子曰："施无法之赏，悬无政之令，犯三军之众，若使一人。"孙子在这里讲的是如何治军的问题，其中也富有法外施恩的灵活性。治军如此，管理一个部门、一个单位又何尝不需要这种灵活呢？适度灵活的法外施恩，在中国历史上是不乏其例的。

【古今事例】

西汉临淄太仓令淳于意，在业余行医之中，因为一次误诊，被地方官判了"肉刑"，将其押往京城受刑，到达长安之后即被打入天牢。他的小女儿缇萦为救其父也随到京都，情急之中，竟上书汉文帝直诉其父的案情，并请求为奴赎父，她在信中说："无论什么人，只要被判肉刑，都要脸上刺字、鼻子被削，甚至双脚被砍去，也都无法再恢复其原状，即使他们想改过自新，也没有任何机会了。为了救我的父亲免受肉刑，我情愿做一个官婢，去受苦受累，无怨无悔地供人役使。谨请皇上开恩！"缇萦的信，经由直诉渠道很快送到皇帝那里，汉文帝阅毕，深为小女孩的孝行所感动，即时下达一道诏书：首先，赦免淳于意之罪；其次，从此一律废除肉刑。

在南朝梁的开国之君梁武帝时代，原乡县令吉正，为官清正廉洁，因而树敌遭人陷害，被押至京城建康候审。后来，屈打成招，被定为死罪。吉正的儿子年仅十五，闻父噩耗，义愤填膺，即鼓足勇气敲响"登闻鼓"，为父申冤，并请死赎父。此举惊动了梁武帝，他对这个少年的孝行十分惊叹，认为其精神可嘉，但又怀疑少年背后有人指使，于是下令廷尉卿蔡法度彻查此事。经过外调与庭审，证明无人怂恿，确系本人孝道纯清之所使。蔡法度如实向皇帝做了汇报，梁武帝立即下令赦免了吉正之罪，同时让其官复原职。

【阅读延伸】

这两个小故事，均属法外施恩。在部门或单位的日常管理中，欲使其行之有效，固然需要下属有足够的勇气向领导者说明情况，请求谅解，但是更重要的是直诉渠道畅通无阻及领导者的英明果断，所以作为领导者需要为下属发表意见、表达自己的想法创造条件并对下属之言耐心倾听，在必要时可以"法外施恩"，给犯了错的下属一次改过的机会。

第九节　"大赦天下"

【古今事例】

在古代，法外施恩是对个体、对少数的人实行的一种特殊性的恩赐；大赦天下则是对群体、对多数的人实行的一种普遍性的仁政，其方式大概有以下三种：

第一，在皇帝登基之时。一些皇帝在登基伊始就颁布诏令：大赦天下，即对全国所有犯罪者赦免或减轻刑罚。他们之所以这样做，是因为他们刚刚上台，地位还不稳固，需要通过这种策略施恩于民；民众感恩，自然会产生拥护施恩者的感情，从而使其统治地位得以巩固。

第二，在战争危机之时。在外敌入侵时，如果战局发生逆转，古代皇帝也有大赦天下的，即对在监狱中服刑的所有罪犯实行赦免政策。根据战争前线的需要，凡属年龄偏大和身患重病的被赦人员，让其回家团圆；其余的均需根据各人的具体情况分别编入不同的军队。让他们在血与火的战争中经受严峻的考验，对其中有杀敌立功表现者一视同仁，也给予其应得的奖赏。

第三，在和平需要之时。在风调雨顺，老百姓安居乐业的和平时期，古代皇帝也有大赦天下的，即对全国监狱中所有在押的犯人实行宽大政策，将其一律释放，让他们回家团圆，过正常人的自由生活，并从事各种生产活动。这种将消极因素转化为积极因素的措施，有利于国家的长治久安，进而达到创造某种太平盛世的目的。

【阅读延伸】

在现代，已无"大赦天下"一说，但是部门或单位领导者依旧可以从中获得一些可用于管理的灵感，例如古时的"大赦天下"使很多百姓心怀感激，愿意更努力地在自己从事的行业中工作，而现在部门和单位的领导也可以适时采取普惠性的激励措施，使下属和员工更有动力，更好地服务本部门（单位），使自己的领导及对部门（单位）的管理更有成效。

第六章

从谏如流

任何一个领导者都毫无例外地面临着一个时隐时现的基本矛盾，即他自身的知识、见闻的局限性与其所从事的管理工作的复杂性之间存在的矛盾。欲解决或者缓和这个矛盾，必须坚持广开言路，集思广益，从谏如流。何谓从谏如流？根据《现代汉语词典》的解释，该词语"形容能很快地接受别人的规劝，像水从高处流到低处一样顺畅自然"。那么，如何做到从谏如流呢？本章将通过一些历史典故对其进行详细的说明。

第一节　历史启示

【古今事例】

"曲木从绳则正，人君受谏则圣。"唐太宗李世民从谏如流，成为一代明君，开创了"贞观之治"，永垂史册，成为千古美谈。

贞观初，李世民就曾对公卿们说："人欲自照，必须明镜；主欲知过，必借忠臣。"（《贞观政要·求谏第四》）贞观七年（633年），李世民对群臣说："贞观初，人皆异论，云当今必不可行帝道、王道，惟魏徵劝我。既从其言，不过数载，遂得华夏安宁，远戎宾服。使我遂至于此，皆魏徵之力也。"因而对魏徵说："玉虽有美质，在于石间，不值良工琢磨，与瓦砾不别。若遇良工，即为万代之宝。朕虽无美质，为公所切磋，劳公约朕以仁义，弘朕以道德，使朕功业至此，公亦足为良工尔。"（《贞观政要·政体第二》）同年，魏徵因为有病请求辞去侍中职位，李世民再次对他说："朕拔卿于雠虏之中，任卿以枢要之职，见朕之非，未尝不谏。公独不见金之在矿，何足贵哉？良冶锻而为器，便为人所宝，朕方自比于金，以卿为良士。"（《贞观政要·任贤第三》）这是李世民对魏徵敢谏的比喻，可谓感人至深。贞观十七年（643年），李世民又对侍臣说："夫以铜为镜，可以正衣冠；以古为镜，可以知兴替；以人为镜，可以明得失。朕常保此三镜，以防己过。今魏徵殂逝，遂亡一镜矣。"（《贞观政要·任贤第三》）

　　人非圣贤，孰能无过，而常苦于不自知，这就需要别人的直言规劝以避免犯错、改正错误。历史上那些能够推动社会前进的、有作为、有建树的明君贤士，如唐太宗等杰出的政治家就懂得有错误并不可怕，怕的是自己不察，又无人规谏，所以，十分注意诚心听取臣属的直言劝谏，注重从中归纳治国安邦之策，以实现国家和社会的长治久安。而那些昏庸的失国之主、无能的败军之将，往往都是饰非拒谏、刚愎自用、一意孤行的，最终只能"国亡身弑"，结局悲惨，被历史所淘汰。唐太宗曾问魏徵："人主如何为明，如何为暗？"魏徵答道："兼听则明，偏听则暗。秦二世偏信赵高，被杀望夷；梁武帝偏信朱异，饿死台城；隋炀帝偏信虞世基，也变起彭城阁中，惨遭缢死。可见得人君偏听，非危即亡，必须兼听广纳。"太宗点头称善。

【阅读延伸】

"人君兼听广纳，则贵臣不得拥蔽，而下情得以上通也。"（《六韬·大礼第四》）领导干部如果只喜欢听恭维话、顺从话，耳边尽是一片赞扬之声，那真话、直话也就难以听到了。历史上开明的君王尚能够"以人为镜"，何况具有光荣传统的共产党人呢？我们应当超越古人，做得更好！金无足赤，人无完人。因此，人应当有自知之明，躬身求谏，诚心接受别人的批评帮助，以便少犯错误或不犯错误。纵观古代的诤谏之事，可以从中窥见历史兴衰更替的一些成因，领略到许多仍有现实意义的管理之道，用人之方，以及执法、处世等经验之谈。"从谏则盛，好谀则亡"，这是历史的结论。多交诤友，从谏如流，是现实的需要，也是一个党员领导干部应有的素质和品格，既有利于完善自我、减少失误，也有利于党和人民事业的发展。

第二节　实行三谏

（一）倡谏

【古今事例】

春秋时代，晋国君主晋平公为了国家的长治久安，有一次向其太傅叔向问道："国家之患，孰为大？"叔向恭敬而又严肃地回答："大臣重禄而不极谏，近臣畏罚而不敢言，下情不上通，此患之大者也。"晋平公闻之称："善！"于是令国曰："欲进善言，谒者不通，罪当死。"（《说苑·杂事》）

三国时代，蜀国丞相诸葛亮在挥泪斩马谡，继之上书主动自贬三等以后，对其左右曰："自今以后，诸人有远虑于国者，但勤攻吾之阙，责吾之短，则事可定，贼可灭，攻可翘足而待矣。"（《三国演义》）

元朝第五代皇帝，元英宗上台伊始即任命有"蒙古儒者"之称的拜住为丞相。为了实施新政，有一天，他向拜住问道："今亦有如魏徵之敢谏者乎？"拜住闻言甚喜，上前回答："盘圆则水圆，盂方则水方。有唐太宗纳谏之君，则有魏徵敢谏之臣。"（《元史·列传·拜住》）元英宗听毕大受启发，下决心从自身做起，效法唐太宗。

【阅读延伸】

无论是晋平公、诸葛亮，还是元英宗，他们都是比较聪明的领导者，因而都在一定程度上提倡下属向其进谏。应当肯定，这种倡谏之举是明智的做法，值得学习！对于说真话的人，哪怕所说之言并不中听，也一定要给予肯定和鼓励，要努力创造有利于他人反映真实情况的气氛和环境。

（二）奖谏

【古今事例】

在刘向编写的《战国策》中有一篇名为《邹忌讽齐王纳谏》的政论文，文中围绕邹忌与徐公比美的小事，叙述了邹忌与其妻、妾、客的三问三答，由此联想并引申出向齐王进谏的大道理，具有很强的启发性和说服力，使齐王当即领悟了其中的道理并采取了奖谏的若干具体措施，从而收到了齐国大治的良好效果。这篇文章故事生动、情节感人，且富有哲理，很值得学而时习之。兹将其全文，照录如下：

邹忌讽齐王纳谏

邹忌修八尺有余，而形貌昳丽。朝服衣冠，窥镜，谓其妻曰："我孰与城北徐公美？"其妻曰："君美甚，徐公何能及君也？"城北徐公，齐国之美丽者也。忌不自信，而复问其妾曰："吾孰与徐公美？"妾曰："徐公何能及君也？"旦日，客从外来，与坐谈，问之："吾与徐公孰美？"客曰："徐公不若君之美也。"

明日，徐公来，孰视之，自以为不如；窥镜而自视，又弗如远甚。暮寝而思之，曰："吾妻之美我者，私我也；妾之美我者，畏我也；客之美我者，欲有求于我也。"

于是入朝见威王，曰："臣诚知不如徐公美。臣之妻私臣，臣之妾畏臣，臣之客欲有求于臣，皆以美于徐公。今齐地方千里，百二十城，宫妇左右莫不私王，朝廷之臣莫不畏王，四境之内莫不有求于王。由此观之，王之蔽甚矣！"

王曰："善。"乃下令："群臣吏民能面刺寡人之过者，受上赏；上书谏寡人者，受中赏；能谤讥于市朝，闻寡人之耳者，受下赏。"令初下，群臣进谏，门庭若市；数月之后，时时而间进；期年之后，虽欲言，无可进者。燕、赵、韩、魏闻之，皆朝于齐。此所谓战胜于朝廷。

【阅读延伸】

齐威王"高价"征求批评，收到了齐国大治的效果。作为领导干部，一定要有超越古人的伟大气魄，比古人做得更好。欲发现过错、改正过错，就要广开言路，发动群众。首先，要实行"言者无罪"。唯有保证言者不受责罚，才能收到"知无不言，言无不尽"的效果；其次，要实行"言者有赏"，对敢于提意见的人予以奖励，根据他们的动机、方式与效果，制定合理的奖赏条例。

（三）纳谏

【古今事例】

赵简子围卫之郛郭，犀楯犀橹立于矢石所不及，鼓之而士不起。简子投枹曰："乌乎！吾之士数弊也。"行人烛过免胄而对曰："臣闻之：亦有君之不能耳，士无弊者。昔者我先君献公，并国十七，服国三十八，战十有二胜，是民之用也；献公没，惠公即位，淫衍暴乱，身好玉女，秦人恣侵，去绛十七里，亦是人之用也；惠公没，文公受之，围卫取邺，城濮之战，五败荆人，取尊名于天下，亦此人之用也。亦有君不能耳，士无弊也！"简子乃去楯橹，立矢之所及，鼓之，而士乘之，战大胜。简子曰："与吾得革车千乘，不如闻行人烛过之一言也！"（《韩非子·难二第三十七》）

刘敬说高帝曰："都关中。"上疑之。左右大臣皆山东人，多劝上都洛阳："洛阳东有成皋，西有崤、渑、背河，向伊、洛，其固亦足恃。"留侯曰："洛阳虽有此固，其中小，不过数百里，田地薄，四面受敌，此非用武之国也。夫关中左崤、函，右陇蜀，沃野千里，南有巴、蜀之饶，北有胡苑之利，阻三面而守，独以一面东制诸侯。诸侯安定，河、渭漕挽天下，西给京师；诸侯有变，顺流而下，足以委输。此所谓金城千里，天府之国也。刘敬说是也。"于是高帝即日驾，西都关中。（《史记·留侯世家》）

【阅读延伸】

作为一个领导者，如果确有纳谏的诚意，那么就一定要有赵简子闻过则喜、汉刘邦得策辄行的好作风。诚如此，必然可以取得最佳效果！

凡欲励精图治的领导者都有必要实行三谏。无论领导者自身的水平如何，只要他虚怀若谷，闻过则喜，从谏如流，得策辄行，就一定能够为党为人民干一番伟大事业；与此相反，如果一个领导者恶闻己过，文过饰非，拒人于千里之外，其结果必然败亡。因此，对于领导者来说，能经常听到一些不同意见，是好事而非坏事。正所谓："君有诤臣不亡其国，父有诤子不亡其家！"（《旧唐书》）

第三节　加强修养

唐太宗提出的"三镜"思想可以概括为三句话：加强个人修养，重视历史经验，认真向人学习，这三句话至今仍有现实意义。司马光也说过："不以无过为贤，而以改过为美。"要做到从谏如流，必须在加强个人修养上下功夫，努力使自己具备以下几个条件：

（1）树立励精图治的雄心。没有较强的事业心和高度的责任感，饱食终日无所用心，是很难实行"三谏"，做到从谏如流的。作为一个领导者必须志存高远，奋发有为，立志为党和人民干一番伟大事业。只有这样，才能任贤求谏，兼听博采，耳聪目明，减少错误，始终沿着正确方向前进。

（2）树立依靠群众的观点。人民群众是真正的英雄，是历史的创造者。只有牢固树立群众观点，才能真正相信、依靠群众，努力向人民群众学习，从人民群众中汲取营养、智慧和力量。领导干部要在工人、农民、知识分子和其他群众中结交一批能够反映真实情况的朋友，这无论对党的事业还是对领导者本人都大有裨益。

（3）要有求同存异的胸怀。海纳百川，有容乃大。欲成就伟大事业，就要具有伟大气魄。作为领导者，应豁达大度，切忌骄傲自大、心胸狭窄。无数事实说明，盛气凌人、拒绝批评、闭塞言路，无论地位多高、权力多大，最终都会面临失败。要谦虚谨慎，始终保持头脑清醒。须知真正的朋友才肯直言规过，正直无私的人才会犯颜劝谏，他们对事业负责的精神和对领导者忠诚的品格，是多么难能可贵！领导者应以宽广博大的胸怀去欢迎、接纳和感谢他们，应该宽容、重用那些正直、有识之士，切不可让那些看眼色行事和谄媚之徒模糊了自己的视线。

（4）要有"吾日三省"的自觉。曾子曰："吾日三省吾身：为人谋而不忠乎？与朋友交而不信乎？传不习乎？"（《论语·学而》）毫无疑义，严于律己的态度正是曾子的难能可贵之处。笔者仿照古贤的做法，为我今用，从而提出自己的"吾日三省"：作为子女，我对父母尽孝了吗？作为公仆，我对人民尽职了吗？作为党员，我对中央尽忠了吗？经常自觉地反躬自问，将此三条作为自己的座右铭是非常必要的，实践证明，时常反思自己的行为于国于己都是非常有益的。

（5）要有择善而从的勇气。全心全意为人民服务是我们党的根本宗旨。作为党员领导干部，要自觉坚持一切从人民利益出发，努力做到唯真理是从。如果刚愎自用、一意孤行，自以为是、掩饰错误，就会导致下情不能上达，从而影响本部门、本单位的发展。领导者的正确、英明乃至伟大，不在于他们从不犯错误，而在于他们比别人更善于从错误中学习，有勇气正视错误，及时改正错误。这样不仅不会损害自己的威信，反而会树立起良好的领导形象，赢得党组织的信任和人民群众的衷心爱戴。

第七章

必攻不守

中国古人有言："天下虽安，忘战必危。"因此，在和平时期也不要忘记战争。孙子曰："兵者，国之大事，死生之地，存亡之道，不可不察也。"那么，何谓战争？毛泽东在《中国革命战争的战略问题》中下的定义是："战争——从有私有财产和有阶级以来就开始了的，用以解决阶级和阶级、民族和民族、国家和国家、政治集团和政治集团之间、在一定发展阶段上的矛盾的一种最高的斗争形式。"[①] 战争的直接目的是：保存自己，消灭敌人；而其间接目的则是为政治服务。战争与政治二者密切相关，战争是流血的政治，政治则是不流血的战争，它们谁也离不开谁。欲指挥战争，必须懂得战争的全局。那么，何谓战争的全局？毛泽东在《中国革命战争的战略问题》中也有明确的提示："凡属带有要照顾各方面和各阶段性质的，都是战争的全局。"[②] 欲在两

---

① 毛泽东 . 毛泽东选集：第 1 卷 ［M］. 北京：人民出版社，1991：171.
② 毛泽东 . 毛泽东选集：第 1 卷 ［M］. 北京：人民出版社，1991：175.

军争战的战场上立于主动，不失战机地歼灭敌人，必须善于学习战争全局的指导规律，并将其运用于战争的实践，积以时日，取得经验，精通规律，掌握规律，从而提高军事工作的水平与指挥战争的艺术，方能取得战争最后的胜利。

第一节　必攻不守战略

在《孙膑兵法》上编《威王问》中有一段孙膑答田忌问：

田忌曰："赏罚者，兵之急者耶？"

孙膑曰："非。夫赏者，所以喜众，令士忘死也。罚者，所以正乱，令民畏上也。可以益胜，非其急者也。"

田忌曰："权、势、谋、诈，兵之急者耶？"

孙膑曰："非也。夫权者，所以聚众也。势者，所以令士必斗也。谋者，所以令敌无备也。诈者，所以困敌也。可以益胜，非其急者也。"

田忌忿然作色："此六者，皆善者所用，而子大夫曰非其急者也。然则其急者何也？"

孙膑曰："必攻不守，兵之急者也。"

孙膑答田忌问的态度是冷静的，而其内容更是高明。他直言无忌地告诉战争的指挥者："必须积极进攻，勿稍松懈，掌握战场上的主动权，而不要消极地、单纯地防守，这才是用兵最要紧的事情。"孙膑这种"必攻不守"的战略是完全正确的。

为了进一步论述"必攻不守战略"的正确性，让我们将攻守与得失联系起来试做分析。孙子曰："善攻者，敌不知其所守。"又曰："进而不可御者，冲其虚也。"是故善攻之极，必有大捷，大捷则必有所得，此所谓"善攻必得"者也。又曰："善守者，敌不知其所攻。"又曰："退而不可追者，速而不可及也。"是故善守之极，必无大败，亦无所损，此所谓"善守不失"者也。"善守不失"和"善攻必得"相比，差距之大如天壤之别。

除了攻守与得失的问题之外，还有一个攻守与强弱的问题。敌弱我强，采取"必攻不守战略"，没有疑义；那么，在敌强我弱的情况下，应当怎么办？诸葛亮六出祁山、姜维九伐中原，他们明知魏强蜀弱，却频繁出兵，以攻为守，采取的也是"必攻不守战略"。这个战略使他们及其为之服务的蜀国都获益匪浅。

第二节　进攻战之进攻

在中国古代战争中，强军战胜弱军的战例是很多的。商汤伐桀、武王伐纣、秦灭六国、巨鹿之战、桂陵之战、马陵之战、七擒孟获、平倭之战等有名的大战都是双方强弱不同，强者头脑冷静，指挥正确，先发制人，因而获胜的。

进攻战之进攻，其术甚多。

第一，一个重点。

在同一时间、地点和条件下，无论战略或战术，重点只有一个者，胜；两个以上者，败。

第二，两个侧面。

（1）野战：前（面）后（面）夹击；

（2）攻城：里（面）应外（面）合。

第三，三条原则。

（1）集中兵力，以多胜少；

（2）避实击虚，各个击破；

（3）保守机密，兵贵神速。

第四，四个因素。

（1）正确判断情况；

（2）消灭自己弱点；

（3）掌握优势兵力；

（4）发现敌人弱点。

进攻战之进攻，在具备以上条件后，还要遵循《孙子兵法》中的若干原则："兵者，诡道也""攻其无备，出其不意""故为兵之事，在于顺详敌之意，并敌一向，千里杀将，此谓巧能成事者也"，等等。

第三节 防御战之防御

在中国古代战争中，弱军战胜强军的战例也有不少。长勺之战、城濮之战、成皋之战、昆阳之战、官渡之战、赤壁之战、彝陵之战、淝水之战等有名的大战都是双方强弱不同，弱者准备充分，指挥正确，先让一步，后发制人，因而获胜的。

防御战之防御，其术甚多。

第一，敌进我退——巧设埋伏。

（1）敌前埋伏：正兵出击，诈败诱敌，奇兵作伏；

（2）敌后埋伏：奇兵出击，一触即溃，正兵作伏；

（3）敌前敌后双重埋伏：使敌备受打击，必遭惨败；

（4）背水结阵十面埋伏：对于强敌实施歼灭战。

第二，敌进我进——围魏救赵。

以正兵当敌，出奇兵于敌后，攻其所必救。

第三，敌退我追——分兵防伏。

敌退之时，可能设伏，我兵追之，必分兵三路，互相策应。

第四，敌退我退——合兵防追。

敌军佯退，设伏诱我，我则亦退，必合兵一队，劲旅断后。

防御战之防御，在具备以上条件后，也要遵循《孙子兵法》中的若干原则："兵者，诡道也""故善用兵者，避其锐气，击其惰归"" 敢问：敌众整而将来，待之若何？曰：先夺其所爱，则听矣"，等等。

　　凡是出类拔萃的军事家，他在军队管理、行军作战、出奇制胜诸多方面的智慧，在哲学上都是他所处的那个时代的最高水平。例如《孙子兵法》中蕴藏的智慧，在哲学上就是孙武所处之春秋时代的最高水平。《孙子兵法》已经流传了两千五百多年，至今仍有其重大的现实意义。古人云："居安思危，思则有备，有备无患。"备什么？在做物质准备的同时，还要有精神准备，只有两种准备都做好了，才能更好地取得胜利，收获成功。

第八章

出奇制胜

　　人生在世，无论男女老幼，无论贫富贵贱，人人皆有成功的欲望，这是与生俱来的一种人性的规律。什么是成功？成功就是达到了自己预期的目标。目标大，成功亦大；目标小，成功亦小。古人云："夫行非常之事，乃有非常之功。"所谓非常之事，就是为实现某种目的而采取的重大行动。例如，为了实现"挟天子以令诸侯"的政治目的，《三国演义》第十四回"曹孟德移驾幸许都"，就是一个重大的行动。欲使重大行动得以成功，达到自己预期的目的，就必须出奇制胜。出奇制胜及与之相关的诸多问题都比较复杂，内容也甚多。本章笔者将根据化繁为简的原则，略述之。

第一节　出奇制胜之定义

或曰："何谓出奇制胜？"

《辞海》答之曰：出奇兵以制胜。《孙子兵法·势篇》："凡战者，以正合，以奇胜。故善出奇者，无穷如天地，不竭如江河。"又："战势不过奇正，奇正之变，不可胜穷也。奇正相生，如循环之无端，孰能穷之？"李荃注："当敌为正，傍出为奇。"张预注："奇亦为正，正亦为奇。"谓当敌之正兵与旁出之奇兵能变化运用，使敌人莫测。现亦指在竞赛中别出心裁以取得胜利。

【阅读延伸】

从这个定义中，我们可以得到两点启示：一是出奇制胜源于军事斗争，二是也可将其用于其他场合的竞争。战争的特点就是竞赛——竞争主动，比赛优劣，谁居优势，拥有主动权，谁就可以胜利。这种战场上生死搏斗的竞争，在其他场合，如官场、考场、商场也无不有之，只是其激烈的程度不如战场罢了。因此，我们可以得出一个结论：出奇制胜，虽然源于军事斗争，但是在一切具有竞争特点的场合都适用。

第二节 出奇制胜之实例

【古今事例】

第一例

春秋时代，齐襄公昏庸无道，致使其两个儿子避居国外；长子曰纠，鲁女所生，立管夷吾为傅教之，暂居于鲁；次子小白，莒女所生，立鲍叔牙为傅教之，暂居于莒。后来，齐襄公被弑，齐无君主，大臣议决：遣使于鲁国迎公子纠为君。

鲁庄公闻之，大喜，便欲为公子纠起兵。施伯谏曰："齐鲁互为强弱。齐之无君，鲁之利也。请勿动，以观其变。"庄公踌躇未决。时夫人文姜因襄公被弑，自祝邱归于鲁国，日夜劝其子兴兵伐齐，讨公孙无知之罪，为其兄报仇。及闻公孙无知受戮。齐使来迎公子纠为君，不胜之喜。主定纳纠，催促庄公起程。庄公为母命所迫，遂不听施伯之言，亲率兵车三百乘，用曹沫为大将，秦子、梁子为左右，护送公子纠入齐。管夷吾谓庄公曰："公子小白在莒，莒地比鲁为近，倘被先入，主客分矣。乞假臣良马，先往邀之。"庄公曰："甲卒几何？"夷吾曰："三十乘足矣。"

却说公子小白闻国乱无君，与鲍叔牙计议，向莒子借得兵车百乘，护送还齐。管夷吾引兵昼夜奔驰，行至即墨，闻莒兵已过，从后追之。又行三十余里，正遇莒兵停车造饭。管夷吾见小白端坐车中，上前鞠躬曰："公子别来无恙，今将何往？"小白曰："欲奔父丧耳。"管夷吾曰："纠居长，分应主丧；公子幸少留，无自劳苦。"鲍叔牙曰："仲且退，各为其主，不必多言！"夷吾见莒兵睁眉怒目，有争斗之色，诚恐众寡不敌，乃佯诺而退。蓦地弯弓搭箭，觑定小白射去。小白口吐鲜血，倒于车上。鲍叔牙急忙来救，从人也一齐啼哭起来。管夷吾率领三十乘，快马加鞭奔回公子纠处，他在路叹道："子纠有福，合为君也！"还报庄公，酌酒与子纠称庆。此时放心落意，一路邑长献饩进馔，遂缓缓而行。谁知这一箭，只射中小白的带钩。小白知夷吾妙手，恐他又射，一时急智，咬破舌尖，喷血诈倒，连鲍叔牙都瞒过了。鲍叔牙曰："夷吾虽去，恐其又来，此行不可迟也。"乃使小白变服，载以温车，从小路疾驰。将近临淄，鲍叔牙单车先入城中，遍谒诸大夫，盛称公子小白之贤。诸大夫曰："子纠将至，何以处之？"鲍叔牙曰："齐连弑二君，非贤者不能定乱。况迎子纠而小白先至，天也！鲁君纳纠，其望报不浅。昔宋立子突，索赂无厌，兵连数年。吾国多难之余，能堪鲁之征求乎？"诸大夫曰："然则何以谢庄公？"叔牙曰："吾已有君，彼自退矣。"大夫隰朋、东郭牙齐声曰："叔牙之言是也。"于是迎小白入城即位，是为齐桓公。（《东周列国志》）

【阅读延伸】

公子小白，既非长子，又无齐使召其回国；和长子公子纠有齐使相召的名正言顺相比，在政治上处于劣势。他仅借得兵车百乘，又无他援；而公子纠，有鲁君护送，兵车三百，很显然在军事上公子小白也是劣势。就是这样处在双重劣势之下的公子小白，为什么反而能捷足先登——成为齐国之君呢？他能够出奇制胜原因有三：一是当机立断。当其得知国乱无君之时，他没有悲观没有消极，而是从中看到了天赐良机。于是，即与其师商定，向莒子借兵回国，非常果断。而公子纠在得悉国乱无君之时，却优柔寡断，坐等齐使之召，消极被动，缺乏进取精神。鲁与莒比，鲁离临淄更远，路远行动又迟，岂能不误大事？二是行动神速。公子小白在率先出动，途中遇险之后，更加警惕，改从小路疾驰，加速前进。反观公子纠这一边，在未明真相之前盲目乐观，行动迟缓，失去了先机。三是先声夺人。将近临淄，即派鲍叔牙单车先入城中，为其造势，致令诸大臣改变主意，将其立为齐国之君。

【古今事例】

第二例

魏景元四年六月，某日司马昭于朝中议事，曰："吾自征东以来，息歇六年，治兵缮甲，皆已完备，欲伐吴、蜀久矣。今先定西蜀，乘顺流之势，水陆并进，吞并东吴：此灭虢取虞之道也。蜀主刘禅昏暗，边城外破，士女内震，其亡可必矣。若何？"众皆拜服，没有异议。司马昭遂拜钟会为镇西将军，又差人持节令邓艾为征西将军，使其约期伐蜀。

钟会统军十万，一举取得汉中大捷，但在继续推进之时，却屯兵于剑阁雄关之下，与蜀国大将姜维形成对峙，无法前进。

此时，邓艾心怀奇谋，胸有成竹。他聚诸将于帐下，问曰："吾今乘虚去取成都，与汝等立功名于不朽，汝等肯从乎？"诸将应曰："愿遵军令，万死不辞！"艾乃先令子邓忠引五千精兵，不穿衣甲，各持斧凿器具，凡遇峻危之处，凿山开路，搭建桥阁，以便行军。艾则领兵三万，各带干粮绳索进发。约行百余里，选下三千兵，就彼扎寨；又行百余里，又选三千兵下寨。是年十月自阴平进兵，至于巅崖峻谷之中，凡二十余日，行七百里，皆是无人之地。魏兵沿途下了数寨，只剩下两千人马。前至一岭，名摩天岭，马不堪行，艾步行上岭，正见邓忠与开路壮士尽皆哭泣。艾问其故，忠告曰："此岭西皆是峻壁巅崖，不能开凿，虚费前劳，因此哭泣。"艾曰："吾军到此，已行了七百余里，过此便是江油，岂可复退？"乃唤诸军曰："'不入虎穴，焉得虎子！'吾与汝等来到此地，若得成功，富贵共之"！众皆应曰："愿从将军之命！"

艾令先将军器撺将下去。艾取毡自裹其身，先滚下去。副将有毡衫者裹身滚下，无毡衫者各用绳索束腰，攀木挂树，鱼贯而进。邓艾、邓忠，并两千军，及开山壮士，皆度了摩天岭。艾谓众人曰："吾等有来路而无归路矣！前江油城中，粮食足备，汝等前进可活，后退即死，须并力攻之！"众皆应曰："愿死战！"于是邓艾步行，引两千余人，星夜来抢江油城。江油城守将马邈得报大惊，招城中居民，及本部人马，慌出归降，拜伏于公堂之下，艾准其降。遂收江油军马于部下调遣，即用马邈为向导官。邓艾取了江油，遂接阴平小路诸军，皆到江油取齐，径来攻涪城。部将田续曰："我军涉险而来，甚是劳顿，且当休养数日，然后进兵。"艾大怒曰："兵贵神速，汝敢乱我军心耶！"喝令左右推出斩之。众将苦告方免。艾自驱兵至涪城。城内官吏军民疑从天降，尽皆投降。蜀人飞报入成都，后主即命诸葛瞻将兵七万来迎。却说邓艾得马邈献地理图一本，备写涪城至成都三百六十里山川道路，阔狭险峻，一一分明。艾看毕，大惊曰："若只守涪城，倘彼蜀人据住前山，何能成功耶？如迁延日久，姜维兵到，我军危矣！"遂麾军急进，与诸葛瞻苦战于绵竹。几经拉锯式的争战，诸葛瞻战死，邓艾因此得了绵竹。劳军已毕，径来取成都。

却说后主在成都，闻邓艾取了绵竹，诸葛瞻已亡，大惊。时邓艾每日令数百铁骑来成都哨探。兵临城下必生变！次日魏兵大至，惊恐之余，后主即率太子诸王及群臣六十多人，出北门十里向邓艾投降。于是成都之人，皆具香花夹道欢迎胜利者进入该城。自是蜀国灭亡，历史向着天下统一前进了一大步，邓艾亦因之而名垂青史。（《三国演义》）

【阅读延伸】

邓艾之所以成功，原因固然很多，但就其自身而言，主要有三。一是避实击虚。他避开了敌人坚实的防线，向敌人兵力少的地方、没有防备的地方进攻。他偷渡阴平，深入七百里，皆无人之境也。这正如《孙子兵法》中所言："进而不可御者，冲其虚也。"二是斗志顽强。由阴平至摩天岭一带，皆崇山峻岭，并无通道，唯靠斧凿开路，行军之难，难于上青天。前方还有摩天岭，高耸入云，是一座天然屏障，更非常人所敢越。然而，邓艾胆识过人，竟然自己裹毡于峭壁，身先士卒，将士效法，皆贯索于悬崖，争滚摩天岭下。且出其不意，兵不血刃，攻占了江油城，为进军成都打开了通道。邓艾全军将士顽强的斗志也是他们取胜的关键。三是兵贵神速。在攻下江油城之后，邓艾即派人接阴平小路诸军，皆到江油集中。然后，又急速行军攻占了涪城与诸葛瞻苦战于绵竹并取得了胜利。接着，以胜利者之声威，迫使后主刘禅出成都十里向其投降。至此，邓艾再一次兵不血刃，和平地进占蜀国首都，从而立功名于不朽。

从以上两个实例看：公子小白之所以能够捷足先登，一是因为当机立断，二是因为行动神速，三是因为先声夺人；邓艾灭蜀成功的原因有三：一是避实击虚，二是斗志顽强，三是兵贵神速，这二人成功的原因亦可集中到一点，就是出奇制胜。作为领导者，可以多思考先人成功之经验并从中获得启发。例如学习公子小白的当机立断，有机遇要善于把握，借以提升自我并带领部门（单位）取得更大的成就；学习邓艾的斗志顽强，带领下属顽强拼搏，不轻言放弃，抑或是综合以上六点，出奇制胜，最终获得成功。

第三节　出奇制胜之计谋

人们的立场与思想境界决定着人们在日常生活与危急关头面前采取何种方针，是积极的方针还是消极的方针，而方针决定人们所采取的办法。如果方针是正确的，则无论什么人，都一定能够找到克服困难、出奇制胜的计谋，从而达到成功的目的。

出奇制胜的计谋甚多，在很多兵书中都有所涉及，如《孙子兵法》中有："兵者，诡道也。故能而示之不能，用而示之不用，近而示之远，远而示之近；利而诱之，乱而取之，实而备之，强而避之；怒而挠之，卑而骄之，佚而劳之，亲而离之。攻其无备，出其不意。此兵家之胜，不可先传也。"《孙膑兵法》中有所谓"九取"之说："一曰取粮。二曰取水。三曰取津。四曰取途。五曰取险。六曰取易。七曰取器。八曰取将。九曰取其所独贵。"其中"取其所独贵"强调的则是一个万变不离其宗的原则，可用于所有竞争之中。

除了《孙子兵法》《孙膑兵法》，我国古代的兵法还有很多，诸如《六韬》《三略》《尉缭子》《唐太宗李卫公问对》《三十六计》《百战奇略》等，均有可取之处。无论何种兵法，无不要求人们运用奇正之术：既要有常规思维，也要有超常思维；既要有常规办法，也要有超常办法；既要有常规作风，也要有超常作风。二者并用，定能获得成功。兵法奇谋，不可穷尽，只要我们深入钻研，精益求精，必能从中获得更大的智慧。善于在实践中运用此种智慧，就可以出奇制胜，为人民做出更大的贡献。

第九章

既胜若否

所谓既胜若否，就是在客观上已经取得了胜利的情形之下，在主观上有清醒的认识，不骄、不躁、不懈怠，好像没有取得胜利一样。为什么要提出"既胜若否"这个问题呢？因为很多人没有这种正确对待胜利的态度，而造成了其最终的失败。作为一个领导者，应当对此加以研究，前车之覆，后车之鉴。为了探讨与吸取历史上的诸多经验与教训，试举三例如下。

第一节　在胜不骄

【古今事例】

第一例　吴禄贞出师未捷身先死

吴禄贞，湖北云梦人，青年时代留日学习军事，在日本期间加入孙中山的兴中会。1902年回国。1910年就任陆军第六镇（相当于军，两万余人）统制（相当于军长），驻军于石家庄至保定一带。1911 年 10 月 10 日，革命党人武昌起义一举成功，南方各省纷纷响应，清廷惊恐，只得起用在彰德（今安阳）已经休息了三年的袁世凯，袁率北洋军亲至湖北前线围剿革命者。10 月 29 日，在北方发生两起革命事件：一是山西太原新军起义，巡抚陆钟琦被杀，阎锡山出任军政府都督；二是屯兵滦州的第二十镇统制张绍曾，向清廷提出二十条要求，并扣留了运往湖北前线的一列车军火。因此，在清王朝腹地出现了极大的危机。11 月 4 日，吴禄贞与阎锡山会晤于娘子关，议决建立燕晋联军，吴任总司令，阎任副总司令，山西拨出两营兵力归吴指挥。同日，北京开往湖北前线的一列装满饷银、枪弹、粮食和被服的火车经过石家庄，为吴部所截留。11 月 5 日，吴禄贞密电张绍曾，约定时间，分进合击，进军北京，推翻清廷。

此时尚在汉口前线的袁世凯却在注视着吴禄贞的一切动向，而且警惕性极高。在他看来，如不及时制止吴的行动，放任吴、张和阎联合起来直捣北京，清廷必定立时被推翻，整个中国就会变成革命党人的天下，他北上就任内阁总理大臣，夺取清廷政权，最后篡夺革命胜利果实的计划便将失败。而他本人也将处于南北夹击、腹背受敌的危险境地。因此，袁对吴恨之入骨，剪除吴这个心腹大患顿成刻不容缓的急务和他北上组阁前的头等大事。袁世凯决定采取暗杀手段，除去劲敌。

当时，周符麟在袁世凯处。周原系第六镇十二协统领，因其

"烟瘾甚深，行同盗贼"被吴禄贞撤职，结下了私仇，袁世凯即密令周速下毒手。周于 10 月 6 日由汉口返赴石家庄，用两万元收买了骑兵第三营管带马蕙田。参谋长何遂得知周、马秘密召开会议，行动有异，立即向吴禄贞报告，吴却告诉他："不要紧，骑兵营长马蕙田担任警戒，他是我的心腹，靠得住！"稍晚，何又报告，吴竟志大气豪地表示："禁卫军一团人天天跟在身边，我还怕这几个人做什么？"何遂见状，又三进其谏："山西军队就快到了，是否派一营人来做你的卫队？"吴禄贞随口答之："不用了。"

他再三拒绝何遂的劝束，由于过于相信马蕙田的忠诚可靠，加之在形势较为有利的情况下丧失对敌人阴谋的警惕，故未采取任何必要的应急措施。吴禄贞甚至把马蕙田传来问话："听说你要杀我，你就杀吧。"马急忙跪在地上说："统制待我甚厚，我不敢。"吴信以为真，让马离开了。1911 年 11 月 7 日凌晨，吴刚刚召开过军事会议，准备天明进攻北京。此时，他正在车站办公室批阅文件，马蕙田带着几个帮手进来，对吴说："来向大帅贺喜！"说着作揖下去，即抽枪向吴射击。吴禄贞动作灵活，越窗出室，但被伏兵击中牺牲，头颅也被凶手割去报功。参谋张世膺、副官周维桢均未能幸免。

【阅读延伸】

在全国革命形势大好，不世之功于唾手可得之时，吴禄贞却滋长了骄傲情绪，骄生轻急，授敌以可乘之隙，岂能不败？不仅自己丧命于决战之前，而且使革命事业受到了极大损失，实在令人痛惜。我们从吴禄贞的失败中还可以得到另一个教训：对于敌人的阴谋，只揭穿是远远不够的，因为它无以防患。敌人因其阴谋被揭穿可能另筹新谋，暂时和缓下来；也可能依旧照原计划进行，吴禄贞就死于此计。所以，必须在揭穿敌人阴谋之前或至少在其同时采取必要的应急措施，防患于未然。

【古今事例】

第二例 马谡拒谏失街亭

在《三国演义》第八十七回《征南寇丞相大兴师》中有一个诸葛亮向奉天子之诏前来劳军的马谡问计的故事。孔明问曰："吾奉天子诏，削平蛮方；久闻幼常高见，望乞赐教。"谡曰："愚有片言，望丞相察之：南蛮恃其地远山险，不服久矣；虽今日破之，明日复叛。丞相大军到彼，必然平服，但班师之日，必用北伐曹丕；蛮兵若知内虚，其反必速。夫用兵之道：'攻心为上，攻城为下；心战为上，兵战为下。'愿丞相但服其心足矣。"孔明叹曰："幼常足知吾肺腑也！"于是孔明遂命马谡为参军，即统兵前进。接着兵战与心战相结合，七擒七纵孟获，终使其心服口服，垂泪肉袒谢罪曰："丞相天威，南人不复反矣！"

在《三国演义》第九十一回《伐中原武侯上表》中有一个马谡向诸葛亮进献反间计的故事。在平定南方解除后顾之忧之后，诸葛亮极欲伐魏，实现其统一天下的理想。忽有细作来报：曹丕薨，其子曹叡继位，封赏文武，大赦天下，且命司马懿提督雍、凉等处兵马。孔明闻之，大惊曰："曹丕已死，孺子曹叡即位，余皆不足虑，司马懿深有谋略，今督雍、凉兵马，倘训练成时，必为蜀国之大患。不如先起兵伐之！"参军马谡进曰："今丞相平南方回，兵马疲惫，只宜存恤，岂可复远征？某有一计，使司马懿死于曹叡之手，未知丞相钧意允否？"孔明问是何计，马谡曰："司马懿虽是魏国大臣，曹叡素怀疑忌。何不密遣人往洛阳、邺郡等处，布散流言，道此人欲反；更作司马懿告示天下榜文，遍贴诸处。使曹叡心疑，必然杀此人也。"孔明从之，即遣人密行此计而去。过了一段时间，曹叡得悉，大惊失色，急问群臣。诸臣皆曰："可速诛之！"曹叡疑虑未决，华歆奏曰："不可付之兵权，可即罢归田里！"魏主依言，将司马懿削职回乡。孔明闻之，大喜曰："吾欲伐魏久矣，奈有司马懿总雍、凉之兵。今既中计遭贬，吾有何忧！"接着，便开始六出祁山中的第一次兵出祁山，所向披靡，震动中原，使魏主三易其帅。

以上这两回体现了马谡的足智多谋，但第九十五回《马谡拒谏失街亭》与第九十六回《孔明挥泪斩马谡》却讲述了马谡的人生悲剧故事。

孔明在祁山寨中，忽然得报："司马懿官复原职，同张郃引兵出关，来拒我师也。"孔明得报大惊："今司马懿出关，必取街亭，断吾咽喉之路。"不禁问道："谁敢引兵去守街亭？"言未毕，参军马谡挺身而出:"某愿往!"孔明曰:"街亭虽小,干系甚重。倘街亭有失,吾大军皆休矣。汝虽深通谋略,此地奈无城郭,又无险阻,守之极难!"谡曰:"某自幼熟读兵书,颇知兵法。岂一街亭不能守耶?"孔明曰:"司马懿非等闲之辈;更有先锋张郃,乃魏之名将,恐汝不能敌之!"谡曰:"休道司马懿、张郃,便是曹叡亲来,有何惧哉!若有差失,乞斩全家。"孔明曰:"军中无戏言!"谡曰:"愿立军令状!"孔明从之。谡遂写了军令状呈上。孔明曰:"吾予汝两万五千精兵,再拨一员上将,相助你去。"即唤王平分咐曰:"吾素知汝平生谨慎,故特以此重任相托。汝可小心谨守此地:下寨必当要道之处,使贼兵急切不能偷过。安营既毕,便画四至八道地理形状图本来看。凡事商议停当而行,不可轻易。如所守无危,则是取长安第一功也。戒之,戒之!"二人拜辞,引兵而去。

他们抵达街亭,看罢地势,马谡笑曰:"丞相何多心也?量此山僻之处,魏兵如何敢来!"王平曰:"虽然魏兵不敢来,可就此五路总口下寨;速令军士伐木为栅,以图久计。"谡曰:"当道岂是下寨之地?此处侧边一山,四面皆不相连,且树木极广,此乃天赐之险也:可就山上屯军。"平曰:"参军差矣!若屯兵当道,筑起城垣,贼兵纵有十万,不能偷过;今若弃此要路,屯兵于山上,倘魏兵骤至,四面围定,将何策保之?"马谡大笑曰:"汝真女子之见!兵法云:'凭高视下,势如破竹。'若魏兵到来,吾教他片甲不回!"平曰:"吾累随丞相经阵,每到之处,丞相尽意指教。今观此山,乃绝地也:若魏兵绝我汲水之道,军士不战自乱矣。"谡曰："汝莫乱道！孙子云：'置之死地而后生。'若魏兵绝我汲水之道，蜀兵岂不死战？以一可当百也。吾素读兵书，丞相诸事尚问于我，汝奈何相阻耶！"平曰："若参军欲在山上下寨，可分兵与我，自于山西下一小寨，为掎角之势。倘魏兵至，可以相应。"马谡不从。

忽然山中居民，成群结队，飞奔而来，报说魏兵已到。王平欲辞去。马谡曰："汝既不听吾令，与汝五千兵自去下寨。待吾破了魏兵，到丞相面前，须分不得功！"王平引兵离山十里下寨，画成图本，星夜差人去禀丞相，具说马谡自于山上下寨。却说司马懿令人去探前路，得知马谡屯兵于山上，乃大喜曰："若兵果在山上，乃天使吾成功矣！"遂更换衣服，引百余骑亲自来看，直至山下，周围巡哨一遍，方回。回营之后，司令懿即作一番布置。次日天明，张郃引兵先往背后去了；司马懿大驱军马，一拥而进，把山四面围定。马谡在山上看时，只见魏兵漫山遍野，旌旗队伍，甚至严整。蜀兵见之，尽皆丧胆，不敢下山。马谡将红旗招动，军将你我相推，无一人敢动。谡大怒，自杀二将。众军惊惧，只得努力下山来冲魏兵。魏兵端然不动。蜀兵又退上山去。马谡见事不谐，教军紧守寨门，只等外应。却说王平见魏兵到，引军杀来，正遇张郃，战有数十合，平力穷势孤，只得退去。魏兵自辰时围至戌时，山上无水，军不得食，寨中大乱。嚷到半夜时分，山南蜀兵大开寨门，下山降魏。马谡禁止不住。司马懿又令人于沿山放火，山上蜀兵愈乱！马谡料守不住，只得驱残兵杀下山西逃奔。马谡拒谏失街亭，致使诸葛亮第一次兵出祁山无功而返。为了明正军律，诸葛亮只得挥泪斩马谡，并将其首级传示各个军营。

【阅读延伸】

清代毛宗岗曾经提出过一个问题："请守街亭之马谡，即献计平蛮之马谡也，又即反间司马懿之马谡也，何以前则智而后则愚？"对于马谡个人而言，他通过种种努力，取得了诸葛亮的信任，这是一个很大的胜利。在胜利面前，他头脑膨胀，目空一切，利令智昏，变得不够清醒。马谡自诩"熟读兵书，颇知兵法"，却忘记了孙武的名言："上下同欲者胜。"他对上不再敬畏，丞相的诸多指示，当面诺诺，背后却不执行；对下更不虚心，王平的诸多建议，他完全听不进去，其原因盖出一个"骄"字。骄生寡信，恶闻已过，必不能做到"上下同欲"，安得不败？

【古今事例】

第三例　王允失策反被杀

东汉中平六年四月，汉灵帝崩，太子辩即皇帝位。西凉刺史、奸臣董卓于九月宣布：废少帝，立陈留王刘协为汉献帝，时年九岁，改元初平。董卓为相国，威福莫比。李儒劝卓擢用名流，以收人望，因荐蔡邕之才。卓命征之，邕不赴。卓怒，使人谓邕曰："如不来，当灭汝族！"邕惧，只得应命而至。卓见邕大喜，一月三迁其官，拜为侍中，甚见亲厚。

《三国演义》第八回《王司徒巧使连环计》和第九回《除暴凶吕布助司徒》讲的是：司徒王允送貂蝉入相府，对董卓、吕布亲而离之，并争取吕布为其所用，然后暗伏甲兵于宫中，明召董卓入宫受禅，暗令吕布反戈，一举将其消灭。计划如期实现，王允设宴于都堂，庆祝其胜利。正饮宴间，忽人报曰："董卓暴尸于市，忽有一人伏其尸而大哭。"允怒曰："董卓伏诛，士民莫不称贺；此何人，独敢哭耶！"遂唤武士："与吾擒来！"须臾擒至，乃侍中蔡邕也。允叱曰："董卓逆贼，今日伏诛，国之大幸。汝为汉臣，乃不为国庆，反为贼哭，何也？"邕伏罪曰："邕虽不才，亦知大义，岂肯背国而向卓？只因一时知遇之感，不觉为之一哭，自知罪大，愿公见原！"众官惜邕之才，皆力救之，但王允不听，即命将蔡邕下狱中缢死。一时士大夫闻者，尽为流涕。后人论蔡邕之哭董卓，固自不是；王允之杀之，也为已甚。

董卓生前，在长安城西二百五十里，别筑郿坞，家属均住其内，且命心腹将李傕、郭汜、张济、樊稠四人领飞熊军三千守郿坞。此四人闻董卓已死，便引飞熊军连夜逃奔凉州，后又逃居陕西，使人至长安上表求赦。王允曰："卓之跋扈，皆此四人助之；今虽大赦天下，独不赦此四人！"使者回报李傕。傕曰："求赦不得，各自逃生可也。"谋士贾诩曰："诸君若弃军单行，则一亭长能缚君矣。不若诱集陕人，并本部军马，杀入长安，与董卓报仇。事济，奉朝廷以正天下；若其不胜，走亦未迟。"傕等然其说，遂流言于西凉州曰："王允将欲洗荡此方之人矣！"众皆惊惶。乃复扬言曰："徒死无益，能从我反乎？"众皆愿从。于是聚众十余万，分作四路，杀奔长安来！吕布出击，在敌人"怒而挠之"的方针下，先胜后败，退守长安。数日之后，董卓余党李蒙、王方在城中为贼内应，偷开城门，四路贼军一齐拥入。吕布抵挡不住，只得弃却家小，引百余骑飞奔出关。司徒王允则被董卓余党所杀。

【阅读延伸】

王允的失败也是因为在胜利的形势下滋长了骄傲情绪，骄生残暴，缢杀蔡邕；不讲策略，反受其害。如果执行"首恶必办，胁从不问"的政策，蔡邕可以不杀；对那四人也可以先赦其罪，使散其兵，然后再各个击破，图之未晚。被胜利冲昏头脑的王允并不冷静，所以声称："今虽大赦天下，独不赦此四人！"这一行为也最终导致了他自己的人生悲剧。

吴禄贞、马谡与王允都是在形势大好、身处顺境、面临胜利的时候，犯了骄傲的错误而造成了人生悲剧。古今中外，无数事实证明：小骄小败，大骄大败，逢骄必败。这是值得借鉴的沉痛的教训。正确的做法则与之相反，唯有反骄破满，才可以避三害。一个精明的领导者，愈是在形势大好的时候，愈是需要一分为二，保持清醒的头脑；愈是在胜利的时候，愈是需要谦虚谨慎，保持既胜若否的态度。诚如此，不仅可以确保自己立于不败之地，而且还可以使自己从胜利走向另一个新的胜利！

第二节 在败不馁

孙子曰："是故智者之虑，必杂于利害。杂于利而务可信也；杂于害而患可解也。"这就要求我们不仅考虑胜利时的方针，还应当考虑失败时的方针。之所以必须如此，客观上是因为世界上的事情很复杂；主观上是因为"智者千虑，必有一失"。为安全计，为长远计，在失败的时候，我们应当采取"哀兵必胜"的方针。

那么，什么是哀兵必胜？《现代汉语词典》中是这样解释的——《老子》六十九章："故抗兵相若，则哀者胜矣。"对抗的两军力量相当，悲愤的一方获得胜利，指受压抑而奋起反抗的军队必然能打胜仗。当下，为什么要提出哀兵必胜这个问题？因为没有正确地对待失败的态度而导致悲剧的先例也很多。作为一个领导者，应当对此加以研究，前车之覆，后车之鉴。为了探讨与吸取历史上的诸多经验与教训，试举三例如下。

【古今事例】

第一例 项羽自刎乌江畔

公元前 202 年，刘邦调动各路大军，将项羽包围于垓下（今安徽省灵璧县东南）。在四面楚歌、众叛亲离的危急关头，项羽面对名马与美人放声悲歌："力拔山兮气盖世，时不利兮骓不逝，骓不逝兮可奈何，虞兮虞兮奈若何！"虞姬也痛而和之："汉军已略地，四面楚歌声，大王意气尽，贱妾何聊生！"虞姬为了使项羽能够冲出重围，自刎身死，遂成霸王别姬之悲剧。然而，更大的悲剧却在乌江岸边（今安徽省和县东北长江西北岸）。项羽本可渡过江去，但又自觉无颜回见江东父老；加之已丧失了初起之时的斗志。他不相信还有卷土重来、东山再起的希望，遂在颓然中自杀。

【阅读延伸】

宋代李清照曾感叹："生当作人杰，死亦为鬼雄。至今思项羽，不肯过江东。"项羽为何会以悲剧收场？原因固然甚多，但其中有一条不容忽视，就是在面临失败的时候，他丧失了继续斗争的勇气，馁生悲观，丧失斗志，必不能转败为胜。他不相信回到江东之后重整旗鼓，再渡江而西，还有胜利的希望，遂至一败涂地。

【古今事例】

第二例 刘璋暗弱献成都

在刘备命马超进军成都之时，刘璋得报，先自堕锐气，带头言降："吾之不明，悔之何及！不若开门投降，以救满城百姓。"董和曰："城中尚有兵三万余人，钱帛粮草，可支一年，奈何便降?"刘璋曰:"吾父子在蜀二十余年,无恩德以加百姓;攻战三年,血肉捐于草野,皆我罪也。我心何安?不如投降以安百姓。"众人闻之,皆堕其泪。忽一人进曰:"主公之言,正合天意。"视之,乃巴西西充国人也,姓谯,名周,字允南。此人素晓天文,璋问之,周曰:"某夜观乾象,见群星聚于蜀郡:其大星光如皓月,乃帝王之相也。况一载之前,小儿谣云:'若要吃新饭,须待先主来。'此乃预兆,不可逆天道。"黄权、刘巴闻言皆大怒,欲斩之!刘璋挡住。忽报:"蜀郡太守许靖,逾城出降矣。"刘璋得报,大哭不止,寝食俱废。次日,亲赍印绶文籍,带领其文武官员,出城投降,从而使刘备顺利地进占成都。

【阅读延伸】

刘璋是一个典型的悲观主义者。在敌人兵临城下之时,虽然尚有城内精兵三万,粮草可支一年等有利条件,但他胆小如鼠,早成惊弓之鸟;他首先言降,又怎能稳定内部?所以注定会失败。

【古今事例】

第三例 吕布命丧白门楼

《三国演义》第十九回《下邳城曹操鏖兵,白门楼吕布殒命》讲的是吕布失败的故事。吕布退守下邳之后,自恃粮食足备,且有泗水之险,从而采取了消极的防御。陈宫曰:"今曹兵方来,可乘其寨栅未定,以逸击劳,无不胜者。"布曰:"吾方屡败,不可轻出。待其来攻而后击之，皆落泗水矣。"遂不听陈宫之言。过数日，曹兵下寨已定。宫谓布曰："曹操远来，势不能久。将军可以步骑出屯于外，宫将余众闭守于内；操若攻将军，宫引兵击其背；若来攻城，将军为救于后；不过旬日，曹军食尽，可一鼓而破，此乃掎角之势也。"布曰："公言极是！"遂归府收拾戎装。

　　布妻严氏阻之，布踌躇未决，三日未出。入宫见曰："操军四面围城，若不早出，必受其困。"布曰："吾思远出不如坚守。"宫曰："近闻曹军粮少，遣人往许都去取，早晚将至。将军可引精兵往断其粮道。此计大妙！"布然其言，复入内对严氏说知此事。严氏又泣而阻之，吕布愁闷不决，乃出谓陈宫曰："操军粮至者，诈也。操多诡计，吾未敢动。"宫出，叹曰："吾等死无葬身之地矣！"

　　曹操攻城，两月不下。因聚众将曰："北有袁绍之忧，南有表、绣之患，下邳久围不克。吾欲舍布还都，暂且息战，何如？"荀攸急止之曰："不可。吕布屡败，锐气已堕，军以将为主，将衰则军无战心。彼陈宫虽有谋而迟。今布之气未复，宫之谋未定，作速攻之，布可擒也！"曹操闻言甚喜，得策辄行，立即下令猛攻，务期必克！在敌人强大的攻势面前，吕布的军队内部，众叛亲离，侯成盗其赤兔马，宋宪盗其画戟并与魏续一齐动手生擒吕布，献给曹操。曹操入城，升坐白门楼上，即下令将吕布缢死，然后枭首。

吕布在困守下邳一城的危急关头,他三次拒绝陈宫的合理化建议,惧外惧内,惧令智昏,坐疑迟困,最终丧失了转败为胜的战机。

【阅读延伸】

以上三人,项羽、刘璋与吕布都是在形势严峻、身处逆境、面临失败的时候,犯了勇气尽丧的错误而导致悲剧的。古今中外,无数事实证明:小馁小败,大馁大败,逢馁必败。这也是值得借鉴的沉痛的教训。面对失败时,唯有破釜沉舟,才可避三害。一个精明的领导者,愈是在形势严峻的时候,愈是需要保持清醒的头脑;愈是在失败的时候,愈是需要不屈不挠、保持哀兵必胜的态度。诚如此,不仅可以化险为夷转危为安,还可以从失败中崛起,开创出一个新的胜利的局面。

在胜不骄——既胜若否。在这一方面,党和国家领导人给予过我们很多启示。1944 年 4 月 12 日,毛泽东在延安就《学习和时局》所做的演讲中指出:"我党历史上曾经有过几次表现了大的骄傲,都是吃了亏的。"还说:"近日我们印了郭沫若论李自成的文章,也是叫同志们引为鉴戒,不要重犯了胜利时骄傲的错误。"① 1949 年 3 月 5 日,毛泽东在西柏坡《在中国共产党第七届中央委员会第二次全体会议上的报告》中讲道:"夺取全国胜利,

---

① 毛泽东. 毛泽东选集:第 3 卷[M]. 北京:人民出版社,1991:947 – 948.

这只是万里长征走完了第一步。"① 同时告诫全党，要警惕资产阶级糖衣炮弹的袭击，"务必使同志们继续地保持谦虚、谨慎、不骄、不躁的作风，务必使同志们继续地保持艰苦奋斗的作风"。②在1956年中国的社会主义改造取得彻底胜利之后，毛泽东又一次教育全党："即使我们的工作取得了极其伟大的成绩，也没有任何值得骄傲自大的理由。虚心使人进步，骄傲使人落后，我们应当永远记住这个真理。"

在败不馁——哀兵必胜。在这一方面，党和国家领导人也给予过我们很多指导。在1927年大革命失败之后，井冈山斗争时期，部分红军与地方党内有了一种悲观的思想。面对这种情形，毛泽东写了一篇名为《星星之火，可以燎原》的党内通讯，精辟地分析了当时的形势，乐观地展望未来，并预见中国革命的高潮快要到来。毛泽东鼓舞大家："我所说的中国革命高潮快要到来，决不是如有些人所谓'有到来之可能'那样完全没有行动意义的、可望而不可即的一种空的东西。它是站在海岸遥望海中已经看得见桅杆尖头的一只航船，它是立于高山之巅远看东方已见光芒四射喷薄欲出的一轮朝日，它是躁动于母腹中的快要成熟了的一个婴儿。"③

①　毛泽东．毛泽东选集：第4卷［M］．北京：人民出版社，1991：1398.
②　毛泽东．毛泽东选集：第4卷［M］．北京：人民出版社，1991：1438－1439.
③　毛泽东．毛泽东选集：第1卷［M］．北京：人民出版社，1991：106.

第十章

刚柔相济

第一节　统御方略

诸葛亮说："善将者，其刚不可折，其柔不可卷。故以弱制强，以柔制刚。纯柔纯弱，其势必削；纯刚纯强，其势必亡。不柔不刚，合道之常。"（《将苑·将刚》）

孔子曰："政宽则民慢，慢则纠之以猛；猛则民残，残则施之以宽。宽以济猛，猛以济宽，政是以和。"（《左传·昭公二十年》）

诸葛亮说的刚，就是刚强；孔子说的猛，就是急速，强调的都是"严刑峻法"，"杀之贵大"，无论职业多高，犯了错误都要惩罚，从而产生令人敬畏，继之以令行禁止的威慑力。诸葛亮说的柔，就是柔和；孔子说的宽，就是宽大，提倡的都是施恩教化，"赏之贵小"，无论职位多低，做了有利于部门（单位）发展的事情，都要奖励，从而产生使人感恩，继之以使其心悦诚服的感召力。作为领导者，在兼具威慑力与感召力这两种力量之后，必然可以达到上下同欲，令行如流，进而达成目标，取得成功。

第二节　历史经验

纵观中国历史，值得领导者借鉴的管理经验确实不少。为了学习与提高，让我们一起来看一看古人的榜样吧。

【古今事例】

一、一个领导者成竹在胸，用刚柔于一个对象

在楚汉战争中，刘邦对九江王英布策反成功，项羽闻之，即派猛将龙沮率军攻击英布。英布被迫放弃九江，千里跋涉前往洛阳投靠刘邦。将至，布想：汉王一定会出城郊迎，及至则无；将入城，他又想：汉王一定会率众夹道欢迎，既入城也无；复想：汉王一定会在其府内降阶而迎，既入府仍未见其人。在三次失望之后，由陪者引进刘邦内室，但刘邦见到他也不起立欢迎，只冷冷地说："将军辛苦了，下去休息吧！"英布在屡次失望之余又受此羞辱，内心悲愤之情无可言状。但只能强忍无名业火向刘邦告辞。由陪者前导，在街上转了几个弯即进入一个花园般的大院，美女成群，热情有礼，笑问客从何处来，大厅上正盛宴以待。英布惊疑而问之："这是何处？"陪者笑曰："将军，请且就餐。"布一路风尘，正饥渴之际，然又强忍固问之曰："此院之主，究系何人？"陪者肃然回答："汉王有令，这里的一切均赐予将军！"英布闻之，甚喜甚慰，颇为感动，良久，方赞叹道："汉王，真仁慈之主也！"

二、一个领导者英明果断，用刚柔于两个对象

战国时代，齐威王治国有方。邹忌鼓琴取相之后，也尽心图治。常问其同事："邑守中，谁贤谁不肖？"同朝之人，无不极称阿大夫之贤，而贬即墨大夫者。邹忌将其所闻，向齐威王汇报之。稍后，威王于不意中，时时问及左右，所对大略相同。乃阴使人往察二邑治状，如实汇报。在得知真相之后，降旨召阿、即墨二守入朝。即墨大夫先到，面见威王，并无一言发放。左右甚惊讶，不解其故。未几，阿大夫亦到。威王召集群臣，欲行赏罚。左右私心揣度，都道："阿大夫今番必有重赏，即墨大夫祸事到矣！"众文武朝见毕，威王召即墨大夫至前，谓曰："自子之官即墨也，毁言日至。吾使人视即墨，田野开辟，人民富饶，官无留事，东方以宁，系子专意治邑，不肯媚吾左右，故蒙毁耳。子诚贤令！"乃加封万家之邑。又召阿大夫，谓曰："自子守阿，誉言日至，吾使人视阿，田野荒芜，人民冻馁。昔日赵兵近境，子不往救，但以厚币精金，贿吾左右，以求美誉。守之不肖，无过于汝！"呼力士，使具鼎镬！须臾，火猛汤沸，命将阿大夫投之鼎中！复

召左右平昔常誉阿大夫而毁即墨者，凡数十人，责之曰："汝在寡人左右，寡人以耳目寄汝，乃私受贿赂，颠倒是非，以欺寡人。有臣如此，要他何用？可俱就烹！"众皆泣拜哀求。威王怒犹未息，择其平日尤所亲信者十余人，次第烹之。在场观者，无不战栗。于是，选贤才改易郡守，齐国大治，诸侯畏服。

三、两个领导者互相配合，用刚柔于一个对象

唐太宗李世民深谋远虑，在其病逝之前，他一方面公开免去李勣宰相之职，另一方面则私下密嘱其太子李治："这个李勣是有能力辅佐你的，但他是我手下的功臣，你于他并没有丝毫恩义，我怕你不能驭使他，故意将其免职；你继位之后，可即速让他官复原职。这样他就会对你感恩，为你效劳。"对于父亲的良苦用心，太子心领神会，牢记在心。过了一段时间，太宗驾崩，李治登基，史称高宗。就在登基之日，唐高宗即降诏，恢复李勣宰相之职。李勣听诏，顿首再拜，感激涕零。

第三节　统御艺术

一、统御要领，刚柔相济

刚，即刚强果断；柔，即柔顺灵活。一个精明的领导者，如何管理好其下属？要领就在于：既能刚，又能柔，刚柔相济；既

能猛，又能宽，宽猛结合；既能威，又能恩，恩威并举。凡审时度势，当机立断，活用两种方法者，必胜；仅使用其中一种，既不审度，也不应变者，必败。

二、在时间上，先硬后软

刚柔相济，先刚后柔，使柔倍增温暖；宽猛结合，先猛后宽，使宽更显仁慈；恩威并举，先威后恩，使恩更加感人。如果刘邦一开始就对英布实行关怀备至的礼遇，那就绝不会收到其知恩而感的效果。无论精神还是物质，凡是得之太易者，人们的感恩通常不会太强烈。

三、在空间上，先近后远

凡是精明的领导者，无不采取"树威立德，由近及远，控制全局"的策略。这是因为近处不能治，又何能治远方；左右不能管理好，又何能统筹全局？齐威王深明此理，故对二守以及平昔常誉阿大夫而毁即墨者，给予不同的处理。遂令朝中大臣顿生敬畏，各个"居之无倦，行之以忠"。于是齐国大治，燕赵韩魏闻之，皆朝于齐，此所谓由近及远，"战胜于朝廷"。

无论何种行业的领导者，也无论何地的领导者，更无论身处何种地位的领导者，他们都面临如何管理下属的问题。如前所述，刚柔相济、宽猛结合、恩威并举便可更好地做到上下一心，一同为部门（单位）的发展而努力，取得更大的成功。

第十一章

以身作则

秦始皇重用人才，必攻不守，以统一六国为己任；汉武帝破格用人，开疆拓土，罢黜百家，独尊儒术；唐太宗严于律己，虚怀若谷，从谏如流；宋太祖严肃正派，宽厚仁慈，治国有方。这正是他们"战胜而强立，故天下服矣"的原因。以上四人，他们都能以身作则，克制私欲，以事业为重，故拥有强大的号召力；他们都是有道明君，得道多助，深得民心；他们都是开国或兴国之君，胸怀大志，高瞻远瞩，愈挫愈勇，终于成就了其统一的大业。

夏桀昏庸无道，宠爱妹喜，酒池肉林，歌舞升平，作长夜之饮；殷纣凶恶残暴，宠爱妲己，用炮烙之刑，虐待小民，以百姓的痛苦为乐；南北朝时期，南朝陈后主陈叔宝沉溺于酒色，视人民如草芥，常令其啼饥号寒、流离失所；五代十国，南唐后主李煜穷奢极欲，终日寻欢作乐，不理朝政。以上四人，他们都是不能以身作则，骄奢淫逸，威信扫地，早已丧失了号召力的人；他们都是无道昏君，失道寡助，不得民心，最终导致国家灭亡。

　　无论哪一级，是否身居要职，所有领导者都应当从这正反两方面的历史人物中得到有益的启示与借鉴：作为一个领导者，必须以身作则，因为榜样的力量是无穷的；能否做到以身作则，这不仅直接关系着领导者的前途与命运，更直接关系着他所管理的部门（单位）的发展。那么，怎么做才能践行以身作则呢？

第一节　学圣贤之道

　　《大学》一文开篇的内容很值得学习。兹摘录之：

　　　　大学之道，在明明德，在亲民，在止于至善。

　　　　古之欲明明德于天下者，先治其国；欲治其国者，先齐其家；欲齐其家者，先修其身；欲修其身者，先正其心；欲正其心者，先诚其意；欲诚其意者，先致其知；致知在格物。

　　　　自天子以至于庶人，壹是皆以修身为本。

　　北宋初期，宰相赵普曾有半部《论语》治天下之说。《论语》中的很多内容的确值得我们学习与借鉴，例如：

　　　　子曰："为政以德，譬如北辰，居其所而众星共之。"

　　　　季康子问政于孔子。孔子对曰："政者，正也。子帅以正，孰敢不正？"

　　　　子曰："其身正，不令而行；其身不正，虽令不从。"

　　　　子路问政。子曰："先之劳之。"请益，曰："无倦。"

子曰："苟正其身矣，于从政乎何有？不能正其身，如正人何？"

子曰："人无远虑，必有近忧。"

子贡问曰："有一言而可以终身行之者乎？"子曰："其恕乎！己所不欲，勿施于人。"

子曰："夫仁者，己欲立而立人，己欲达而达人。"

子夏为莒父宰，问政。子曰："毋欲速，毋见小利。欲速，则不达；见小利，则大事不成。"

子曰："饭疏食饮水，曲肱而枕之，乐亦在其中矣。不义而富且贵，于我如浮云。"

子曰："《诗》三百，一言以蔽之，曰：'思无邪。'"

子曰："不学礼，无以立。"又曰："非礼勿视，非礼勿听，非礼勿言，非礼勿动。"

子曰："上好礼，则民易使也。"

子曰："躬自厚而薄责于人，则远怨矣。"

子曰："如有周公之才之美，使骄且吝，其余不足观也已。"

春秋时代的孔子是至圣，战国时代的孟子是仅次于孔子的亚圣。中国传统文化的主流，就是孔孟之道。兹将《孟子》中的内容，择其所需而录之。

孟子曰："居天下之广居，立天下之正位，行天下之大道。得志，与民由之；不得志，独行其道。富贵不能淫，贫贱不能移，威武不能屈，此之谓大丈夫。"

孟子曰："鱼，我所欲也，熊掌亦我所欲也，二者不可得兼，舍鱼而取熊掌者也。生亦我所欲也，义亦我所欲也，二者不可得兼，舍生而取义者也。"

孟子曰："仁者爱人，有礼者敬人。爱人者，人恒爱之；敬人者，人恒敬之。"

孟子曰："贤者以其昭昭使人昭昭，今以其昏昏使人昭昭。"

孟子曰："夫苟好善，则四海之内，皆将轻千里而来告之以善；夫苟不好善，则拒人于千里之外。士止于千里之外，则谗谄面谀之人至矣。与谗谄面谀之人居，国欲治，可得乎？"

孟子曰："古之人，得志，泽加于民；不得志，修身见于世。穷则独善其身，达则兼济天下。"

孟子曰："君子之守，修其身而天下平。"

孟子曰："君子不亮，恶乎执？"

孟子曰："诸侯之宝三：土地，人民，政事。宝珠玉者，殃必及身。"

孟子曰："人悦之、好色、富贵，无足以解忧者，惟顺于父母，可以解忧。……大孝终身慕父母。"

还有其他人的金石之论，例如：

在《逸周书·寤敬篇》中，周公曰："不骄不吝，时乃无敌。"

在《韩非子》中，韩非曰："人有祸，则心畏恐；心畏恐，则行端直；行端直，则思虑熟；思虑熟，则得事理。行端直，则无祸害；无祸害，则尽天年。得事理，则必成功。尽天年，则全而寿。必成功，则富与贵。全寿富贵之谓福。而福本于有祸，故曰：'祸兮福之所倚'，以成其功也。

"人有福，则富贵至；富贵至，则衣食美；衣食美，则骄心生；骄心生，则行邪僻而动弃理。行邪僻，则身死夭；动弃理，则无成功。夫内有死夭之难而外无成功之名者，大祸也。而祸本生于有福，故曰：'福兮祸之所伏'。"

在《朱子语类》中，朱熹曰："人只有一个公私，天下只有一个邪正。将天下正大底道理去置事，便公；以自家私意去处之，便私。

"官无大小，凡事只是一个公。若公时，做得来也精彩，便若小官，人也望风畏服；若不公，便是宰相，做来做去，也只得个没下梢。"

在《诸葛亮集》中，诸葛曰："为将之道，军井未汲，将不言渴；军米未炊，将不言饥；军火未燃，将不言寒；军幕未施，将不言困。夏不操扇，冬不服裘，雨不张盖，与众同也。"

第二节 取前人之长

【古今事例】

一、汉文帝躬亲籍田

汉文帝深知，劝课农桑乃治国之本。每届春耕之前，亲率大臣躬垄亩，并下诏劝农："粮乃国本，民赖以活，若民不重农耕，则生活无着。故朕亲率臣下，劝民耕种。"汉文帝还亲带大臣包耕一地，生产供祭之粮；连皇后也亲率宫女勤事桑蚕，生产蚕丝，以为祭服之料。汉文帝十二年，他下诏说："朕亲率农耕，已历十载，然尚有许多荒地未垦，若一岁不收，民将挨饿，今天下苦贫者甚众，为官者又视而不见，管理不善，何以劝农力耕？"同时，要求各级官吏必须下乡进行农贷，劝民耕作，凡缺种少粮者，均由各县借给。由于汉文帝经常躬耕于前，又不断督促于后，全国荒地大垦，粮食连年增产，从而开创了"文景之治"的繁荣时期。

二、元脱脱怒打贿者

元代，成宗三年，大臣脱脱，进拜先禄大夫，并江浙等处行中书省平章政事。始至，严饬左右，毋预公家事。且戒其掾属曰："仆从有私嘱者慎勿听。若军民诸事，有关于利害者则言之。当言而不言，尔之责也；言而不听，我之咎也。"闻者为之悚慄。

时，朱清、张宣以海运之故，致位参知政事，恃其势位多行不法。恐事觉，以黄金五十两、珠三囊，贿赂脱脱，求蔽其罪。脱脱大怒击之！有司遣使者以闻，元成宗喜曰："脱脱，我家老臣之子孙，其志固宜，与众人殊。赐内府黄金五十两，命回使宠赉之。"

三、柳下惠坐怀不乱

柳下惠，展氏，名获，字禽。食邑柳下，谥惠，故称柳下惠。春秋时代，鲁国大夫，曾任士师（掌管刑狱的官），以讲究贵族礼节著称。鲁僖公二十六年（公元前634年），齐攻鲁。他派人到齐劝说退兵，并使齐鲁两国和好，从而立下"不战而屈人之兵"之功。

柳下惠坐怀不乱的故事就发生在今河南濮阳柳屯（即彼时之柳下也）。

在某年腊月的一个傍晚，天寒地冻，北风呼啸。柳下惠感觉太冷，和衣而睡。然其心忧春秋无义战，生灵涂炭，辗转反侧不能入眠。正在这时，突闻敲门之声，他急起开门，原来是一个年轻美貌的女子前来投宿，只见她冻得浑身发抖。柳下惠清贫，家里没有暖炉，就请她上床裹被取暖，但仍不见好转。柳下惠怕她冻死，就解下外衣让其坐进自己怀中。随着体温上升，该女缓过神来，告诉他："我出门走亲戚，回时较晚，穿衣又单，因寒气袭人，只得敲门投宿；幸得君子相救，内心感激之情，诚非言语所能表达！"柳下惠听毕，安慰之："不必多言，请你安静地休息吧！"至第二天破晓，该女子先致谢忱，然后告辞而去。柳下惠灵魂纯洁，美女当怀，却无邪念，更无乘人之危的卑鄙！他修养有素，作风正派，堪称道德模范，成就了流传千古之美名。

四、刘伯承雨不张盖

1937 年 9 月 6 日，八路军一二九师在陕西三原石桥镇召开抗日誓师大会。这天，天气阴冷，雨下得越来越大。警卫员给刘伯承师长送来雨衣，刘伯承同志用手一挡，说："你没见全师的同志都淋着雨？我怎么能穿着雨衣站在大家的前头呢？"过了一会儿，有一位参谋看见刘师长的衣服都被雨水淋透了，忍不住又从背后悄悄地给他披上了雨衣，刘伯承同志皱起眉头，问道："你知道'冬不服裘，雨不张盖'吗？"这位参谋很机灵地领会了刘师长的话意，一边从刘伯承同志身上取下雨衣，一边回答："与众同也。"刘师长笑了，情绪更加激昂地说："过去，我同你们一起打蒋介石；现在，我同你们一道打日本。有难同当，有福同享。现在下雨，大家一起熬嘛！"

【阅读延伸】

汉文帝关心老百姓的衣食问题，重视农业，所以躬耕垄亩，为下属做出了一个极好的榜样。元脱脱痛打两个送礼的官员，保持清廉本色，令人敬佩，也为他人做出了表率。圣贤提倡修身养性，就是强调改造思想、净化灵魂，目的在于养人之浩然正气，柳下惠坐怀不乱的原因盖出于此，他的这一行为被传为佳话，也让后世无数人以他为典范，向他学习。刘伯承"冬不服裘，雨不张盖"，与士兵同甘共苦，因而部属乐从，千军万马，同仇敌忾，树权威于天成，从而拥有无坚不摧的战斗力。

　　在以身作则的问题上，上面举了四个实例，笔者取前人之长，将其概括为四点：一是关注民生，参加劳动；二是大公无私，拒贿千里；三是思无邪念，行必端正；四是深入群众，同其甘苦。作为领导者，需要关心自己的下属，关心基层的员工，与他们共同奋斗，同时努力提升自己，为下属做出表率，共同推动本部门（单位）的健康良好发展。

第三节　用之于实践

　　以身作则是领导者最高贵的品德之一，不应当只是空中楼阁，它必须力行于实际生活的各个方面，作为领导者，应做到的有以下十二项。

一、立场坚定，不转向

　　作为领导者，尤其是中国共产党的领导干部，首先要坚信马克思主义，拥有坚定正确的立场。有了坚定正确的立场，才能不迷失方向，沿着正确的道路前进，在下一步做出更合理的决策。

二、大公无私，不贪财

该得，则得，得其心安理得；不该得，则绝对不得，不得则可以避免"祸从天降"。在利益面前，要抵挡住其诱惑，秉承廉洁奉公的原则，不可因贪小利而乱大谋，"一失足成千古恨。"

三、严肃正派，不好色

美女人人爱，岂知有大害？西汉时代的枚乘，这位老先生讲得好："洁齿蛾眉，伐性之斧。"无论何人，思想不严肃，作风不正派，即使不中他人美人计的陷阱，如果近之无常也可被洁齿蛾眉之斧砍杀其生命。万不可掉以轻心！

四、求知若渴，谦受益

如果我们求知若渴那还有什么知识不能学到？如果我们虚怀若谷，常感自身能力的不足，那就一定会以古人为榜样——"行千里路，读万卷书"。行千里路，不是游山玩水，而是深入于群众，问计于群众，问计于高人；读万卷书，不是走马观花般地随手翻阅，更不是没有读书计划地随意浏览。对于领导者而言，除了熟悉业务，胜任工作之外，还可以精读并牢记《孙子兵法》，通读并研究《三国演义》与《东周列国志》。只要肯下功夫，深入钻研，必有大的收获。收获若大，则其事业必兴。

五、艰苦奋斗，欲争先

范仲淹有两句名言："居庙堂之高，则忧其民；处江湖之远，则忧其君。""先天下之忧而忧，后天下之乐而乐。"虽然现在时代不同了，但其精神仍然值得学习。作为一个领导者，要吃苦在前，享受在后。在工作中，不要害怕困难，为者常成，行者常至，世界上没有真正的绝境。人生在世，不干不行，乱干不行，看准了再干，要干在实处，走在前列！

六、危急关头巧用谋

任何人的一生，都不可能是一帆风顺的，碰到若干危机也是常有之事。危急关头巧用谋，首先是必须得有谋，成竹在胸，然后才是巧用谋，使自身转危为安。那么，谋略是从哪里来的呢？一是读书，从书中来；二是拜访有经验、有智慧之人，请其指点迷津；三是总结，在一件大事、一个年度、一个阶段结束之时，应当对其全过程中正反两方面的经验进行认真的总结，以便以后做得更好。

七、每临大事，有静气

每个领导者都应当具备的一种处变不惊的风度，在困难的时候，每临大事之时，要坚定信心。唯有坚定不移的信心，才能令人镇静不躁；唯有镇静不躁，才能安然不乱；唯有安然不乱，才能思虑周全；唯有思虑周全，才能获得随机应变之策；有了应变之策，就能从容应对，指挥若定。诚如此，则何愁不能成功？

八、临之以庄，勿戏言

在待人接物中，领导者既要热情有礼，也要临之以庄。首先，在思想、时间与空间上要保持适度的距离。其次，不要多言，言多必失，也不要戏言，戏则不敬。最后，还要尽量避免那些于人于己均无益处的无聊的闲谈。

九、秩序井然，成习惯

清代朱用纯先生在其名著《朱子家训》的开头便写道："黎明即起，洒扫庭除，要内外整洁；既昏便息，关锁门户，必亲自检点。"这就是一家之长井然有序的一日常规与习惯，堪称治家的榜样。其实，无论在家里还是在工作单位，还是其他任何地方，都应当建立起忙而不乱的生活常规与工作秩序。毫无疑义，领导者理应是此种常规与秩序的制定者，在征求过下属的意见并做了修改完善之后，即应公之于众，一旦公布，就必须上行下效，成为习惯，进而蔚然成风。

十、多谋善断，在厉行

第一，做一个多谋者。谋，指计谋与谋略。会用、常用、善用计谋者一般胜算更大。若想做到多谋，可以从多角度思考问题，有时换个思路，就会有意想不到的收获。

第二，做一个善断者。多谋善断，少谋善断，不谋善断。"谋"在这里指征询与商议。多谋善断，凡是无须保密的大事，均可多谋广谋，尽可能在大范围内向人们咨询，征求意见。在商议中，或在商议结束后必议而有决，这就是善断。少谋善断，凡是需要保密的事，只能少谋小谋，尽可能在小范围内征求意见，并善断之。不谋善断，就是在情况紧急之时当机立断，抓住机遇；机遇到来时，察觉到的何止一人，势必存在激烈的竞争，必须当机立断，战胜对手，获得成功。在十分紧急的情况下，再按常规办事，多谋少谋都将贻误时机。因此，此时不谋善断才是明智之举。

第三，做一个疾行者。在《孙子兵法·军争》中，孙子曰："故其疾如风，动如雷霆。"在多谋善断，即决策之后，必须得策辄行，动作神速，积极推进，绝不可半途而废。

十一、即兴演说，惊四座
【古今事例】

建兴五年三月，诸葛亮开始北伐，亲统大军三十万第一次进击祁山，兵临渭水之西；魏国大都督曹真、军师王朗率军二十万对阵于祁山之前。王郎骑马，诸葛乘车，二人相会，舌战于两军阵前：王朗以"天数有变"为理论根据，欲用一席话说得诸葛亮拱手而降；诸葛亮在车上大笑曰："吾以为汉朝大老元臣，必有高论，岂期出此鄙言！"接着以"正统观念"为武器，慷慨陈词，历数王郎的大逆不道。最后，他不无愤怒地说："吾今奉嗣君之旨，兴师讨贼，汝既为谄谀之臣只可潜身缩首，苟图衣食；安敢在行伍之前，妄称天数耶！皓首匹夫！苍髯老贼！汝即日将归于九泉之下，何面目见二十四帝乎！老贼速退！可教反臣与吾共决胜负！"王朗听罢，气满胸膛，最后大叫一声，撞死于马下。

张仪，字余子，战国时代魏国大梁人。初投楚相昭阳门下，不久相府至宝"和氏之璧"丢失。张仪因其贫寒而见疑，昭阳下令将其打得奄奄一息。后被送回家中，其妻见状，声泪俱下！张仪稍好一点，不禁问他的妻子："你来看看，我的舌头还在吗？"其妻闻言，苦笑而答之："舌头不在，你还能说话吗？"听到此话，张仪从床上一跃而起，抚慰其妻曰："只要舌头还在，大丈夫又何愁不能富贵也？"半年之后，张仪西入咸阳，向秦惠文王进献"连横之策"，获得信任，被授予秦国宰相之职。

【阅读延伸】

这两个不同时代的历史故事充分地证明了"一人之辩强于百万之师，三寸之舌重于九鼎之宝"的正确性。一个领导者，应该学会利用演说来表达自己的观点，用清晰的逻辑、富有层次的表达使听者接受自己的观点、认同自己的观点。有感染力的演说，既可以树立领导者的良好形象，也可以激起下属工作的热情，使其更好地为本部门（单位）出谋划策，共同为本部门（单位）的发展努力奋斗。那么，如何才能做出有感染力，语惊四座的演说呢？笔者认为要诀有以下九点：

（1）时机

演说的时机应当遵循一个原则："与其失之过迟，不如失之过早。"要力争恰到好处，即最好选择在人们精神饱满，注意力易于集中的时候开始演说。孔子曰："时然后言，人不厌其言。"这是十分正确的。

（2）对象

听众需要什么？他们的兴趣何在？他们的文化程度与心理特点怎样？对于诸如此类的问题要有所了解。根据不同的对象，准备不同的演说内容，采取不同的演说方法。

（3）内容

演说的内容要遵循理论联系实际的原则，将上面的精神与下面听众的需要结合起来。要有针对性、要有帮助听众解决若干问题的强烈愿望。同时，演说的内容还必须"不落俗套，要有新意。"所谓新意，就是在深刻认识和精辟分析的基础上使人们有一种新鲜感，从而使每一个听众都能获得前进的动力和必将成功的鼓舞。

（4）表情

古希腊有一位天才的演说家，每当人们问起他成功的奥秘时，他总是回答："表情，表情，表情。"由此可见，表情对于演说是非常重要。所谓表情，其特点就在于逼真、生动和感人。有感染力的演说必须扣人心弦，时而催人泪下，时而令人破涕为笑，时而诱发听者满腔的悲愤，时而又引起听者的热烈欢呼。

（5）弹性

要密切注视群众的反应：当群众对演说内容的某一部分特别感兴趣时，可以进一步发挥或做适当的重复；当群众对某一部分不感兴趣甚至表现出厌恶的时候，则应当及时地做出适当的压缩或舍弃。作为一个天才的演说家，必须善于察言观色，随机应变，根据群众的表情适时地调整演说的内容。

（6）勇气

一个充满自卑心理的人，自己的聪明才智势必受到抑制，这是一切演说者之大忌。要做一个优秀的演说者，必须勇敢。没有勇气，便没有令人信服的风度。面对什么样的大人物，都要敢于把他看作一个普通的听众；面对何等壮阔的场面，都要敢于以胜利者的姿态面对一切。

（7）扫视

人是通过五官感知客观世界的，而五官给人感知的强度却是不一样的。心理学家的研究表明：眼睛占77%，耳朵占14%，其他（鼻、舌、身）占9%①——其中眼睛，即视觉所得之印象最为重要。因此，演说家应当居高临下，要尽可能让所有的群众都能看到你。同时，当演说者的目光和听众的目光相接触的时间达到整个演说时间的70%以上时，该演说者最易获得群众的兴趣和

---

① 多年前某心理学家在其作文中讲的资料。

共鸣。因此，在演说的过程中要不时地扫视全场，一般应将会场分成纵横平行的九个区域，按照一定的顺序扫视全场。

（8）非坐

所谓非坐，就是站立着演说。站立着演说好处有三：第一，可以使演说者保持完整的形象；第二，可以使演说者在更大的空间自由地表现；第三，可以使演说者的声音更有力，甚至发出最高音。列宁既是革命导师，又是天才的演说家。当列宁在大庭广众之中发表演说的时候，他总是身体略向前倾，双目炯炯地扫视全场，有力地挥动着手臂，慷慨激昂，从来不坐，他的演说最能吸引群众，最具号召力，时常激起全场暴风雨般的掌声！我们的领导者也应当从非坐开始，以列宁为榜样！

（9）锻炼

锻炼何种能力以提高演说的魅力？主要有三：第一，锻炼凝聚力。要从朗读名篇名著开始，要从无人的地方开始，要从人少的地方开始，加紧训练，然后向更高阶段发展。要练就自己的独特风格，要有自信的神态，能发出最强音，滔滔不绝，还要声情并茂，擅于变换情绪，从而形成演说的凝聚力。第二，锻炼记忆力。作为领导者，在演说前要亲自撰写讲稿，这样有助于加深印象。同时，还要下功夫背诵讲稿，演说时脱稿并成竹在胸，演说起来若无其稿，这是一个演说者必须具备的素质。第三，锻炼分析力。凡是所到之处，都要对周围的环境有兴趣、有兴致、有新鲜感，从而通过观察、分析产生灵感，有感即发，言必有中。即兴演说，是演说的最高境界，是所有领导者、所有担当重任的人，必须具备的能力。

十二、抬头挺胸，面带笑

古今中外，人们无不重视形象问题。人的形象种种，气象万千，但若概括而言，无非两种类型，各有其特点。

第一种人目光如豆，常常迷失前进的方向，往往陷入举步维艰的境地；他胸无大志，腹无良谋，随波逐流，人云亦云，毫无自己明确的主张。他弯腰驼背，面部表情冷若冰霜，总是阴沉沉的，永远也没有令人感觉温暖的阳光般灿烂的笑容。

第二种人眼中有神，目光远大，具有高瞻远瞩的气魄。他昂头而视，看到的是万里长空；向远处看，看到的是壮丽的前景。他胸怀大志，腹有良谋，自信、乐观、豪爽。他抬头挺胸，脸上总是挂着亲切的微笑，镇定自若，神采奕奕，待人热情如火，有着无穷的魅力。

在将两种类型做对比之后，大家都会明白：作为一个领导者，应当树立第二种，即自信、亲切的形象。唯有如此，才能够获得下属的信任与支持。

第十二章

思想方法

整个世界都充满着各种各样的矛盾，既有普遍性的矛盾，也有特殊性的矛盾，等等。唯有面对现实，坚持斗争哲学，解决或者缓和这些矛盾，事物才能变化，社会才能进步，人类才能幸福。凡是担当重任的人们，均负有解决这些矛盾的义不容辞的责任。欲解决这些矛盾，首先必须思想领先，要有一个正确的思想方法。而正确的思想方法究竟都有哪些内容呢？

第一节　调查研究，务实求真

【古今事例】

一、卞和三献玉璞

春秋时代，有一个叫卞和的楚国人，在荆山之中，获得一块玉璞，继而献之楚厉王。厉王使玉人（管理玉器的专家）相之，玉人曰："石也!"厉王以和为诳,刖其左足。及厉王薨,楚武王即位,卞和又奉其璞而献之武王。武王使玉人相之,又曰:"石也!"武王又以和为诳,而刖其右足。武王薨,楚文王即位,卞和乃抱其璞而哭于荆山之下,三日三夜,泣尽而继之以血。文王闻之,使人召至郢都,并亲问其故:"天下之刖者多矣,子奚哭之悲也?"卞和对曰:"吾非悲刖也,悲夫宝玉而题之以石,贞士而名之以诳,此吾所以悲也。"文王听毕,默然有顷,也命玉人相之,依然答之曰:"石也!"文王又令玉人理其璞,剖而视之,果然是一块美玉,遂命曰:"和氏之璧。"楚文王大喜,即刻重赏卞和,使其一生衣食无忧。

二、王嫱貌惊汉帝

公元前49年,汉元帝登基。像历代君主一样,上台伊始即广选天下美女,以实后宫。经过多次造秀,六宫粉黛逾三千。汉元帝遂命画工毛延寿将所有宫女逐一画成图像一并呈献,然后按图择美召幸之。诸宫女闻之,无不欲画工将自己画得俊俏一些以便争宠,画工趁机勒索,诸宫女则尽出所蓄贿赂之,多者十万,少者也不下五万,唯独王嫱一个人不肯向毛延寿行贿。

王嫱,何许人也?姓王名嫱,字昭君,湖北秭归香溪人。生性倔强,又自恃其美,故不肯行贿画工,因此被画作丑陋之人。王嫱入宫六年,汉元帝见其像极丑,从未召幸过。公元前33年,匈奴单于呼韩邪亲到长安,朝见汉元帝要求和汉朝结亲。汉元帝也同意和亲以求北方边境安宁，遂按宫女图像命王嫱嫁之。王嫱心中怨恚已久，便善妆盛服，光彩照人，举止高雅地来到汉元帝面前，说道："妾幸得备在后宫，粗丑卑陋，不合陛下之心，诚愿得行。"汉元帝视之，貌为后宫第一，乃大惊。思之良久，欲改他女和亲留下王嫱，一怕失信于天下，二怕文武大臣指责自己好色。于是，长叹一声："朕已误矣！"呼韩邪得到如此美丽的绝代佳人，心存感激。自此之后，匈奴和汉朝和睦相处，六十余年没有发生战争。

三、廉颇报国无门

战国时代，赵国大将廉颇与赵国宰相蔺相如，势如水火，在赵惠文王命虞卿出面调解之后，关系日渐缓和。在赵国日益强大之时，赵惠文王病逝，赵孝成王继立。有一次，赵孝成王命廉颇伐魏，围繁阳，未克。之后，赵孝成王薨，太子偃嗣位，是为赵悼襄王。时廉颇已克繁阳，乘胜追击，而大夫郭开素以谄佞为廉颇所嫉，常因侍宴面叱之。郭开衔怨在心，谮于赵悼襄王："廉颇已老，不任事，伐魏久而无功。"乃使乐乘往代廉颇。廉颇怒曰："吾自事惠文王为将，于今四十余年，未有挫失。乐乘何人，而能代我？"遂勒兵攻乐乘，乐乘恐惧而归国。廉颇遂奔魏，魏王虽尊为客将，疑而不用。廉颇由是寄居大梁。

秦王嬴政，在平定嫪毐—吕不韦之乱，地位巩固之后，即命桓齮率军十万，向赵国大举进攻，连破九城。赵悼襄王急召群臣商议应救之策，众臣皆曰："昔年唯廉颇能御秦兵，庞氏乐氏，亦称良将，今庞煖已死，而乐氏亦无人矣。唯廉颇尚在魏国，何不召之？"郭开与廉颇有仇，恐其复用，乃谮于赵悼襄王曰："廉将军年近七旬，筋力衰矣。况前有乐乘之隙，若召而不用，益增怨望。大王姑使人觇视，倘其未衰，召之未晚。"赵悼襄王惑其言，遂遣内侍唐玖前往大梁劳问，因而察之。使者未发，郭开即将其密邀至家，出黄金二十镒为寿，且告之曰："廉将军与某素不相能。足下此去，倘被筋力衰颓，自不必言；万一尚壮，亦求足下增添几句，只说老迈不堪，赵悼襄王必不复召，此即足下之厚意也。"唐玖领命，竟往魏国，见了廉颇，致赵悼襄王之命。廉颇问曰："秦兵今犯赵乎？"唐玖曰："将军何以料之？"廉颇曰："某在魏数年，赵悼襄王无一字相及，今忽有名甲良马之赐，必有用某之处，是以知之。"唐玖曰："将军不恨赵悼襄王耶？"廉颇曰："某日夜思用于赵，况敢恨赵悼襄王也！"乃留唐玖同食，故意在其面前施逞精神，一饭斗米俱尽，啖肉十余斤，狼吞虎咽。食毕，即披赵悼襄王所赐之甲，一跃上马，驰骤如飞，复于马上，又舞长戟数回，乃跳下马，谓唐玖曰："某何如少年时？烦多多拜上赵悼襄王，尚欲以余年报效！"唐玖明明看见廉颇身体强壮，奈其私受郭开贿赂，回到邯郸，就告诉赵悼襄王廉颇已老，遂赵悼襄王不复召廉颇。秦王嬴政得悉赵国不用廉颇，更催桓齮进攻，赵悼襄王忧惧，一疾而薨。从此赵国一蹶不振，几年之后，终被秦王嬴政所灭。

【阅读延伸】

以上三人，卞和、王嫱、廉颇，他们都是由于其君主的愚蠢而造成悲剧的人物。虽是两千多年前的历史故事，但他们的不幸遭遇至今仍令人颇为同情，我们也可从中吸取不少教训。

在卞和怀抱玉璞哭于荆山之下，因无人识货而痛心疾首之时，楚文王却召而问其故，并命玉人打开玉石进一步察看。他务实求真、精明之至，不似楚厉王和楚武王的只求表面、不愿深入，所以才能终获至宝。

王嫱在汉宫六年，长期被埋没的真正原因究竟何在？毛延寿以权谋私、蒙蔽汉元帝确是其原因之一，但汉元帝的偏听偏信更是主要原因。倘若汉元帝能够采用正确的思想方法，自己走出去，或请进来，或鉴两极，或另派他人细致调查一番，那么定会有一个不一样的结局。

廉颇报国无门的悲剧，是郭开和赵悼襄王共同导致的。郭开公报私仇，诋毁廉颇，而赵悼襄王也犯了不务实求真的错误，他一受奸臣郭开的蒙蔽，二受内侍唐玖的欺骗，未察明真相便做出了错误的决策，从而造成了自己身死与赵国灭亡这一更大的悲剧。如果赵悼襄王从一开始就坚决拒绝郭开别有用心的"察而后召之"的建议，而毅然接受文武众臣忠心耿耿的"直接召回廉颇"的要求，亲自询问，因而察之，何愁真相不明？又何愁不能做出正确的决策？诚如此，必可达到既使廉颇报国有门又使赵国立于不败的两个目的。

楚厉王、楚武王、汉元帝、赵悼襄王都犯了一个共同的错误：轻信他们身边的人为他们提供的信息。这些信息或因身边之人的无知而错误，或因他们的贪欲而被歪曲，最终导致悲剧的发生。因此，无论作为哪一层级的领导者，凡遇大事都必须采取多种方法、多种渠道与多种使者（明使、暗使、常使、特使）同时进行必要的调查，以印证其真假；都应当尽快学会调查研究、多做调查研究、善于调查研究。调查研究是领导者最重要的一项基本功，万不可掉以轻心。作为一个领导者，事必躬亲地去了解若干第一手资料很有必要。诸如：走出去，"微服私访"；请进来，促膝谈心；以及在各行各业中结交一批敢讲真话的知心朋友，等等。但是，当个人时间和精力有限时，也要学会分配任务，让忠实的下属去做调查研究，以便间接了解最真实的情况。无论是通过直接手段还是间接手段，都必须将事情的真相了解清楚。唯有真相清楚，才能做出正确的决策。

第二节　科学决策，趋利避害

【古今事例】

一、甘宁百骑勇劫魏寨

详见《三国演义》第六十八回《甘宁百骑劫魏营》。

在曹操亲统四十万大军压境的严峻形势下，甘宁主动向孙权请缨，只带一百人马去劫曹营，真乃大勇也。大勇非粗勇，大勇是以大智为前提的。第一，甘宁善做战前动员。他对其百名部下说："今夜奉命劫寨，请诸公各满饮一觞，勇往直前!"众人闻言，面面相觑。甘宁见众人有难色，乃拔剑在手，怒叱曰："我为上将，且不惜命；汝等何得迟疑!"众人见甘宁作色，皆起拜曰："愿效死力!"这是激励斗志的一种动员。第二，甘宁善于夜间行动。兵少者，利在夜战。夜幕笼罩，使敌不知虚实，不敢贸然迎击。第三，甘宁善选精锐骑兵。骑兵机动性强，快速，勇猛，势不可挡。第四，甘宁善于突然袭击。在夜深人静之时，"攻其无备，出其不意"，一举达到挫敌锐气之目的。甘宁百骑劫魏寨正是利用了自身的优势，是趋利。凡是趋利者，必有其大勇也。

二、刘琦避祸出守江夏

详见《三国演义》第三十九回《荆州城公子三求计》。

三国时，刘琦为了避免继母蔡夫人的陷害，主动向其父亲刘表请缨出守江夏，亦乃大智也。大智非常智，大智是以大勇为前提的。第一，巧借人谋。自己有谋，固然好；无谋则可以借他人之谋为我所用。谋不必尽出之于己，善借他人之谋以成己事者，古来有之。刘琦虚心求教，巧借孔明大智，达到了避祸的目的。第二，保守机密。事成于密，而败于泄。刘琦在行动之前不将机密之事泄露分毫，故能成功。第三，走为上计。"三十六计，走为上计"，是说当处在绝对劣势的时候，走是上策。当敌处绝对优势之时，为了避免自己被其消灭，故不能战。因此时面临"必降；必和；必走。降则全败，和则半败，走则未败。未败者，胜之转机也"，故走为上计。但走，又谈何容易？使人不知是走，方是会走。第四，抓住时机。智者贵于乘时，当机不决，变将作矣。刘琦利用黄祖新亡，江夏乏人守御之机，及时上言，乞兵屯守江夏，刘表遂令其引兵三千往守之。刘琦聪明灵活，善抓良机，且行动神速，一举达到了避祸求安之目的。

三、曹操务实不慕虚名

详见《三国演义》第五十六回《曹操大宴铜雀台》。

曹操曾经对英雄下过一个定义："夫英雄者，胸怀大志，腹有良谋，有包藏宇宙之机，吞吐天地之志者也。"观其所为，与众不同，尤其善处四种关系：第一，志愿与需要。中国古人有言："人无志不立。"又云："人各有志。"诚如斯言！但欲有大的作为，个人志愿则必须服从时代的需要。曹操始举孝廉，出身是文；不意朝廷征其为典军校尉，出仕是武。遂更其初衷，投笔从戎。第二，虚名与实祸。虚名是小利，实祸是大害。愚者趋小利而不避大害；智者避大害而不趋小利。曹操不愿放弃兵柄和丞相的职位，回到侯爵的封国，过虽有荣誉和物质享受却无权势的生活，因为他不愿慕虚名而处实祸。第三，时机与事业。首先是时势造英雄，然后是英雄造时势。这是一条历史向前发展的规律。那么英雄如何造时势，成就一番伟大的事业呢？除了无所畏惧，敢于斗争；精通谋略，善于斗争之外，还有一点特别重要，就是善于把握时机。当时机尚未成熟之时，勉强为之，不但于事业无补，甚至可能前功尽弃。曹操放眼朝野，明察内外，做出了一个正确的决定：自己学习周文王，而将篡汉建魏、君临天下的事业让他的子孙去做。

【阅读延伸】

甘宁趋利，刘琦避害，曹操趋利避害，他们都达到了自己的目的。无论身处何种时代，也无论分属于哪个阶级，就人们的心理特点而言，其主观愿望都是趋利避害的。然而，由于人们自身能力、在社会中所处地位与作用不同，趋利避害的客观效果势必大相径庭，甚至千差万别。趋利避害乃人性之根本特点，又是科学决策的最终目的。

那么，如何才能实现科学的决策呢？这个问题比较复杂，而且众说纷纭。国内国外有关科学决策的书籍很多，观之如坠烟海，稍有所得，权作引玉之砖。概括起来，主要有三。

（一）必须集中精力于重大决策

要把精力集中于重大决策，一个人精力有限，所以要学会合理安排工作和生活中的事务，事必躬亲不一定能获得最好的效果，前车之鉴甚多。

例如，诸葛亮为了复兴汉室统一天下，夙兴夜寐，罚二十以上皆亲览焉；又常自校薄书，亲理细事，汗流终日。然所啖之食，日不过数升。对此，司马懿评论说："孔明食少事烦，岂能久乎?"诸葛亮后来病死于五丈原军中，享年仅54岁。正所谓"出师未捷身先死，长使英雄泪满襟"!

古今中外，领导者由于事必躬亲而导致的悲剧不胜枚举。是故，尼克松在其著作《领袖们》中告诫"未来的领袖们"——"领导人必须善于安排他的生活，集中精力，头脑里只有一个压倒一切的目标；为了实现这个目标，必须敢于进行几场大的拼搏。他的目标与拼搏，会使自己名垂青史! 如果他拼命想把每件事都做好，那就不可能把真正重要的事情做得非常出色；没有非常出色的成绩，他就不可能出人头地。如果他要成为一个伟大的领导人，他必须把精力集中在重大的决策上。"

（二）必须充分发挥智囊团作用

何谓智囊? 唐朝颜师古下的定义是："言其一身所有皆是智算，若囊橐之盛物也。"成为智囊团成员的条件有三：第一，必须是精通一门的杂家，即既有专门之精，又有兼览之博；第二，必须具有系统地分析问题的能力；第三，必须敢于坚持真理，敢于直言。由符合这三个条件的智囊人物所组成的智囊团，究竟有哪些作用呢? 简而言之，可以概括为四：一是提出战略性的建议；二是提供决策的建议；三是提出会审的意见；四是提出具体实施方案。

欲充分发挥智囊团的作用，领导者还必须要有包容的态度和民主作风，要让智囊团独立自主地工作，并允许他们发表不同意见，同时又不完全为他们的主张所左右。

领导者与智囊团共同做出决策的一般程序有四：第一，领导者提出问题，让智囊团限时解决；第二，智囊团按时提出可供选择的多种方案；第三，领导者精心比较，选择一个最佳方案；第四，领导者安排相关人员制订具体行动计划，并组织实施。

（三）必须掌握决策原则与方法

决策的原则有三：第一，全属有利类，两利相权取其重；第二，全属有害类，两害相权取其轻；第三，利害相杂类，趋大利不避小害，避大害不趋小利。

决策的方法有四：第一，确定型，指客观条件具备、确有成功把握的一类事情。对于此类事情，应该当机立断，决心要大，行动要快。第二，非确定型，指客观条件尚未具备，没有成功把握的一类事情。对于此类事情，应该多渠道进行，尽量避免横向沟通，在有希望的地方着力进行。第三，风险型，指在进行过程中可能遇到某种风险的一类事情。对于此类事情，应该选择成功的可能性最大的方案进行，同时要准备好一个应急方案。第四，竞争型，指在进行过程中可能遇到某种竞争的一类事情。对于此类事情，应该学会"狭路相逢勇者胜"，要出奇制胜。

决策是一个选择动作，看似简单，实则复杂。既需要良好的作风，也需要较高的水平。作为一个领导者，应当尊重专业人士，倾听他们的意见；也应当尊重下层员工，收集他们的建议。最后，在博采众议之长的前提下，收集还要举重若轻，有敢于拍板的胆略，并做出趋利避害的正确决策。

第三节　预见未来，高瞻远瞩

【古今事例】

一、冯谖市义归，居安思危

详见《战国策·齐策四》。

冯谖出身贫寒，却有超常之智。他的聪明不仅表现在相府三歌为己谋，而且更重要的是表现在居安思危为人谋。冯谖薛地收债，焚毁券契以收民心的做法，让人大吃一惊，就连孟尝君也一时难以理解，因而大为不悦。然而，他的动机与效果则是无可非议的。后来，孟尝君失去宰相之位，却得到薛地民众的热烈拥护，即是冯谖的义举让他度过了一次政治危机。随后，他又在冯谖的谋划与帮助下，恢复了宰相地位。

二、触龙说太后，教子立功

详见《战国策·赵策四》。

触龙善于进谏，采用迂回战术，使赵太后终于接受让长安君入齐为质，齐国出兵救赵，从而使长安君为国立功，以求在赵国长久立足之建议。

触龙进谏的方式甚佳，整个过程可以分为四步。第一步，

"慢慢走"。在太后板其面孔盛怒以待的时候，触龙故意"慢慢走"，以免太后在盛怒之时，言不能入。人之生气如物之发展，会有无以复加的顶点即愤怒之极时，但时间甚短。极点虽短，却易感情用事，重大的失误常常在此时产生。所以，欲进谏者，必待受谏者怒气稍泄，理智稍复之时，如触龙所为。第二步，问起居。触龙从老年人行走不便谈起，引起太后内心的共鸣，又问及饮食起居，更使她感觉到对方在关心自己，于是太后的神色稍趋平和。第三步，托幼子。触龙怜悯自己的小儿子，请求太后让他参加保护王宫的卫队，这不仅给太后以被尊重的感受，而且还向太后提出了一个她非常关心的怜爱幼子的问题。有了共同感兴趣的话题，谈话的气氛就大为缓和了，太后由神色平和变成笑着和触龙讨论问题，双方关系显得十分融洽。第四步，提建议。触龙通过赵国历史的纵比与列国现实的横比，充分论证了人主子孙"位尊而无功，奉厚而无劳，而挟重器多"的悲剧，此后，提出了让长安君尽早立功以便继承赵国大业的建议。触龙一片苦心，诚则生巧，终于使赵太后欣然接受了自己的建议。

三、孔明隆中对，大展宏图

详见《三国演义》第三十八回《定三分隆中决策》。

诸葛亮面对刘备的问题，对天下形势做了一番精辟的分析，这就是历史上有名的隆中对。在隆中对中，诸葛亮提出了五项重大决策。第一，在战略上，要避实击虚。首先夺取军事力量比较薄弱的荆州与益州，建立巩固的根据地。然后建立蜀国，以形成三足鼎立之势。第二，在内政上，革新政治，发展经济，积蓄力量，并安抚和团结西南各少数民族。第三，在外交上，和孙权交好结盟，共同对付实力强大的曹操。第四，在时机上，一旦时机成熟，则兵分两路，北伐曹操，进取中原。第五，在策略上，各个击破。打败曹操之后，再攻击力量较为弱小的孙权，如此即可完成统一天下、复兴汉室的伟大事业。

隆中对，也即隆中决策，它充分显示了年仅27岁的诸葛亮的远见卓识。刘备听毕，不禁喜形于色，避席拱手谢之曰："先生之言，顿开茅塞，使备如拨云雾而睹青天！"诸葛亮的真知灼见驱散了刘备心头的愁云，豁然开朗。此后，他们君臣一体，同心同德，艰苦奋斗，为实现隆中决策的战略目标而倾其全力。虽然后来形势有变，未能完全如愿以偿，但他们在实现战略目标过程中所取得的诸多成就不容置疑。

【阅读延伸】

冯谖从"居安思危，思则有备，有备无患"的原则出发，为孟尝君谋虑甚远；触龙总结了赵国与别国诸侯子孙"位尊而无功，奉厚而无劳，而挟重器多"因而衰败的历史教训，建议赵太后要爱子以方，教其子尽早立功，以求得在赵国的长久立足，这也是为其谋虑甚远的表现；诸葛亮既善于读书，观其大略，又善于开展社会交往，消息灵通，对当时的天下形势了如指掌，因而在隆中对中为刘备谋虑得更远。冯谖是一个穷极潦倒的寒士，触龙是一个位居左师的大臣，诸葛亮则是一个待时而起的卧龙，虽然他们的处境不同，但有一个共同的特点，那就是他们都具有高瞻远瞩的战略眼光，因而谋事精明，能够超越眼前的利害，谋虑极远。这是值得每一位领导者学习的地方。

作为一个精明的领导者，必须善于根据今天的情况及其发展趋势，洞察明天的形势；必须善于根据今天的利害及其变化轨迹，洞察明天的祸福；必须善于把今天的情况和利害与明天可能出现的情况和利害联系起来，并做好必要的准备。诚如此，就能自如地应付各种复杂的局面，立于不败之地。

那么，作为一个领导者应当如何使自己具备高瞻远瞩的预见性呢？

第一，掌握规律。

如何掌握规律？一是学习理论。只有掌握科学的理论，具备科学的思维方法，拥有渊博的知识，才能发现和把握规律；只有站在理论的山巅上，才可以使我们目穷千里，胸有成竹，预见未来。二是总结经验。历史的经验值得借鉴。要善于总结自己和别人的经验教训，善于从古今中外成功与失败的事例中吸取经验教训。预见要着眼于未来，而未来是历史和现实的发展。我们不能割断历史去研究和探求规律，而应当通过研究历史和现实找出事物发展的规律，只有这样才能更好地预见未来。总之，通过学习科学的理论与总结自身的经验，就可以逐步达到掌握规律的目的。

第二，深明动态。

如何深明动态？信息情报是预见的依据和前提，预见的过程实质上就是去粗取精、去伪存真、由此及彼、由表及里的过程。预见的准确性很大程度上取决于信息量的多少和信息价值的高低，科学的预见必须建立在可靠的信息情报的基础上。信息情报不准确、不可靠，就会造成误导，不仅达不到预见的目的，还会将人引向歧途，导致失败。为此，作为一个领导者要建立广泛的信息渠道，上情、内情、敌情，找知己者；下情、外情、我情，开调查会。只有对各方面的情况动态了然于胸，才能做出正确的预见。

第三，榜样引路。

历史常有惊人的相似之处。楚汉相争时的范增，三国时代的郭嘉、诸葛亮都是有预见性的人。当人们在现实生活中，碰到类似情况时，可以学习、借鉴他们的经验。

第四，捕捉先兆。

任何事物都有其发生、发展与灭亡的过程。无论何种事物，也无论其处在何种变化的阶段，在其显露清晰的形态之前，均有某种先兆。即使在突然发生的情况下也不例外，只是人们不甚注意或者缺乏有关的知识，一般难以发现这种先兆。在自然现象、社会现象与人际关系中，各种性质不同的事件发生前表现出来的先兆是一种极为难得的预告情报，作为领导者，必须善于捕捉这样的先兆。

在万事万物变化的因果关系中，原因比较隐蔽，结果则相对显露；在原因造成结果的过程中，原因首先导致先兆产生——这是最终发生变化的先声，是微小的变化。先兆是界乎因果隐显之间的一种容易被人们忽视的现象。探究先兆产生的根源，明察其原因，再从原因出发预见其最终结果。这就是"捕捉先兆才能预见结果"的方法，如图 12 - 1 所示：

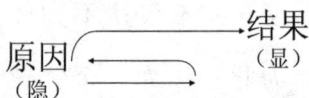

原因 ⟶ 结果
（隐）　　（显）

图 12 - 1　捕捉先兆以预见结果的方法

先兆具有偶然性，在偶然背后隐蔽着必然。敏感的人，能从一个偶然中抓到其必然；迟钝的人，常在一个偶然中不知其必然。聪明人从两个偶然中就可以揭示其一个必然；愚蠢人在两个乃至更多的偶然中，仍不知其庐山真面目。

【古今事例】

透过先兆，如何推知其原因，进而判断其吉凶祸福？且看两个历史故事。

一是当喜不喜。春秋时代，掌握晋国实权的智伯，与韩、魏两家结盟，共同围攻晋阳，赵国的投降只是时间问题。然而，智伯的一个部下却向其报告："同盟军中的韩与魏将要叛变。"智伯问道："你何以知之？"部下答道："敌城即将攻陷，而韩、魏之君毫无喜色，这难道不是怀有异心的征兆吗？"次日，智伯问韩、魏之君："有人说你们要叛变，果有之乎？"二人连忙解释："胜赵将三分其地，我们怎么会叛变呢？这一定是有人意在分裂同盟，故意诬陷我们！"智伯轻信了他们的狡辩，而此后不久，韩、魏两家果然叛变了。智伯最终也因此失败了。

二是礼藏祸心。智伯企图消灭卫国，先赠其玉璧和名马。卫君大喜，宴会群臣，诸大夫皆喜，而南文子独不喜。卫君问："大国以礼待寡人，你为什么不高兴且面带忧色呢？"南文子严肃地回答："无方之礼，无功之赏，祸之先也。我未有往，彼有以来，臣因此而忧！"卫君听后立即下令加强国防。实际上，这些礼物只是一种谋略。智伯先赠其玉璧令其放松警惕，继而赠其名马令其深信不疑。然后，企图攻其无备出其不意，一举灭掉卫国。智伯按照自己的计划，率军出发，当兵临卫境之时，他看到对方守备甚严，军民同仇敌忾，因而知道自己的谋略已被识破，只得下令撤退，火速回国。

【阅读延伸】

从这两个小故事中，可以得到一个共同的启示：即通过反常的现象，可捕捉某种反常的原因。在第一个故事中，同盟军围攻晋阳，胜利在望，此时喜悦乃人之常情。然而，当喜不喜，却不为之喜，这就是反常现象。在第二个故事中，卫国小，晋国大，小国未有往，大国有已来，且馈赠之礼甚厚，这也是一种反常现象。由此可以得到一个明确的结论：凡是反常的现象，必有其反常的原因。作为一个领导者，万不可对反常之事掉以轻心。

作为领导者，必须有预见的能力。当微风起于青萍之末的时候，就有一种固有的敏感，能够预先察觉到一场大的风暴即将来临，因而做好必要的准备。凡事预则立，不预则废。学会预见，进而用之于实践，不仅可以立于不败之地，而且能够取得更大的成功！

学习掌握正确的思想方法，其重大意义不容置疑。行成于思，思维决定命运。

对于领导者而言，胸怀大志、牢记宗旨、尽职尽责等，固然都很重要，但归根结底，要有一个致虚守静的心态。致虚守静就是不要事必躬亲，把大量的日常事务甚至一部分棘手的问题都交给下属去处理。在他们忠于职守，各尽其能的同时，领导者才有可能将更多的时间和精力用于谋虑大事，诸如确定奋斗的大目标，掌握发展的大方向，等等。致虚守静是统揽全局的关键所在。心境虚静，好处甚多：一是心境虚静可以读书，研习学问；二是心境虚静可以思考，放眼全局；三是心境虚静可以纳谏，集思广益。如此，才能使自己及所领导的地方、部门（单位）有更好的发展，取得更大的成就。

跋

　　你是一个被领导者，难道你就不想成为一个领导者吗？其实，从被领导者变成领导者并非一般人所想象得那样困难重重。你是一个领导者，难道你就不想成为一个更贤明的领导者吗？其实，由普通的领导者变成贤明的领导者也并非一般人所想象得那样困难重重。只要重视并认真而深入地研究领导科学与领导艺术，何以不能实现个人美好的愿望呢？

　　毛泽东在《实践论》中强调："如果有了正确的理论，只是把它空谈一阵，束之高阁，并不实行，那末，这种理论再好也是没有意义的。"① 理论必须与实践相结合，才能产生强大的力量。凡事贵在行动，行动起来就有成功与否两种可能：成功了，固我所愿，当然令人高兴；失败了，也不可怕，乃下次成功之母也。一事当前，总是顾虑重重，不敢行动或半途而废，那就永远只有

---

　　① 毛泽东．毛泽东选集：第 1 卷［M］．北京：人民出版社，1991：292.

一种不会成功的可能。

　　每个人都要敢闯。敢闯，才能有所作为；敢闯，才能脱颖而出；敢闯，才能担当重任做出大的贡献；敢闯，才能继承先辈革命传统；敢闯，才能发扬先辈的光荣；敢闯，才能避免"位尊而无功，俸厚而无劳，而挟重器多"的悲剧。由此观之，无论何人都需要有一股无坚不摧的战斗力，敢闯难关，敢闯任何未知的领域，从而为党为人民立功名于不朽！

2011 年 4 月 17 日
于北京